Veronika Pichl

Fit und schlank MIT EIWEISS

Über 60 proteinreiche Rezepte für den Muskelaufbau und zum Abnehmen

riva

Bibliografische Information der Deutschen Nationalbibliothek
Die Deutsche Nationalbibliothek verzeichnet diese Publikation in der Deutschen Nationalbibliografie. Detaillierte bibliografische Daten sind im Internet über http://d-nb.de abrufbar.

Für Fragen und Anregungen
info@rivaverlag.de

Wichtiger Hinweis
Dieses Buch ist für Lernzwecke gedacht. Es stellt keinen Ersatz für eine individuelle medizinische Beratung dar und sollte auch nicht als solcher benutzt werden. Wenn Sie medizinischen Rat einholen wollen, konsultieren Sie bitte einen qualifizierten Arzt. Der Verlag und der Autor haften für keine nachteiligen Auswirkungen, die in einem direkten oder indirekten Zusammenhang mit den Informationen stehen, die in diesem Buch enthalten sind.

Originalausgabe
1. Auflage 2020

Nymphenburger Straße 86
D-80636 München
Tel.: 089 651285-0
Fax: 089 652096

Redaktion: Caroline Kazianka
Umschlaggestaltung: Laura Osswald
Umschlagabbildungen: shutterstock: Vorderseite: Elena Trukhina, Brent Hofacker;
Rückseite: DronG, Sea Wave, Noir Chocolate
Satz: inpunkt[w]o, Haiger (www.inpunktwo.de)
Druck: Florjancic Tisk d.o.o., Slowenien
Printed in the EU

ISBN Print 978-3-7423-1298-3
ISBN E-Book (PDF) 978-3-7453-0991-1
ISBN E-Book (EPUB, Mobi) 978-3-7453-0992-8

Weitere Informationen zum Verlag finden Sie unter

www.rivaverlag.de

Beachten Sie auch unsere weiteren Verlage unter www.m-vg.de

INHALT

FIT UND SCHLANK MIT EIWEISS

Ob Ernährungsprogramme zum Muskelaufbau oder Low-Carb-/High-Protein-Diäten – alle basieren auf einer besonders eiweißreichen Ernährung. Gemeinsam mit Fetten und Kohlenhydraten gehört Eiweiß zu den Hauptnährstoffen, die sich zusammen mit Vitaminen, Mineralstoffen, sekundären Pflanzenstoffen und Spurenelementen in unserer Nahrung befinden. Allerdings nimmt Eiweiß unter den Hauptnährstoffen eine besondere Rolle ein: Nicht nur ist Eiweiß der Stoff, aus dem Muskeln und Körpersubstanz aufgebaut sind. Auch kann es uns, wenn wir es sinnvoll und bedarfsorientiert in unsere Ernährung integrieren, beim Abnehmen genauso helfen wie beim Muskelaufbau.

Wie genau das geht, wie auch Vegetarier mehr Eiweiß in ihren Ernährungsplan einbauen können und wie Eiweiß beim Aufbau von mehr Muskelmasse oder beim Abbau von Körperfett hilft, zeigt dieses Buch. Mit den leckeren Rezepten ab S. 17 und Ernährungsplänen ab S. 127 können Sie ganz einfach mehr Eiweiß dauerhaft und auf gesunde Weise in den Speiseplan integrieren. So bleibt mehr Muskelmasse oder ein schlankerer Körper nicht nur kurzfristig erhalten – aus einem Wunsch kann endlich und dauerhaft Wirklichkeit werden.

Eiweiß, Protein … was ist das eigentlich?

Der Begriff »Protein« wurde im 17. Jahrhundert erstmals in einem wissenschaftlichen Kontext als Ersatzwort für »Eiweiß« verwendet und ist seither als solches auch geläufig. Beide Begriffe meinen also einen identischen Stoff.

Proteine sind in unserer Ernährung absolut grundlegend und von vorrangiger Bedeutung. Sie befinden sich in jeder Körperzelle und sind lebenswichtig. Und das gilt nicht nur für den Menschen. Auch für den Stoffwechsel von Tieren, Pflanzen, Bakterien und Pilzen sind sie unverzichtbar.

Die einzelnen Bausteine, aus welchen Proteine bestehen, werden Aminosäuren genannt. Besonders wichtig sind die sogenannten proteinogenen Aminosäuren. Sie verbinden sich durch Peptidbindungen zu Ketten und können so Proteine überhaupt erst bilden. Im menschlichen Organismus sind hierzu – also zur Proteinbildung – 21 Aminosäuren in der Lage. Allerdings kommt es auf acht von ihnen in besonderer Weise an. Die acht auch als essenziell bezeichneten Aminosäuren kann der menschliche Körper nämlich nicht selbst herstellen, sodass sie zwingend über die Nahrung aufgenommen werden müssen.

Wie viel Eiweiß brauchen wir?

Prinzipiell wird Erwachsenen unter anderem von der Deutschen Gesellschaft für Ernährung eine Proteinzufuhr von etwa 0,8 Gramm Protein je Kilogramm Körpergewicht empfohlen. Eine 65 Kilogramm schwere Person müsste dementsprechend täglich 52 Gramm Protein aufnehmen. Einen höheren Proteinbedarf von mindestens 1 Gramm Protein pro Kilogramm Körpergewicht haben Stillende, Schwangere sowie Kinder und Jugendliche. Und auch bei Menschen ab 65 Jahren ist der Proteinbedarf auf 1 Gramm je Kilogramm Körpergewicht erhöht.

Zu beachten ist außerdem: Diese Mengenangaben stellen einen Mindestwert an täglich benötigtem Eiweiß dar. Sportlich aktive Personen oder diejenigen, die körperlich schwer arbeiten, haben meist einen deutlich größeren Proteinbedarf.

So ist es auch zu erklären, dass andere Organisationen teilweise eine deutlich höhere Proteinzufuhr empfehlen:

- American College of Sports Medicine (ACSM): 1,2 bis 1,4 Gramm Eiweiß pro Kilogramm Körpergewicht für Ausdauersportler und 1,6 bis 1,7 Gramm pro Kilogramm für Kraftsportler.
- International Society of Sports Nutrition (ISSN): 1,4 bis 2,0 Gramm pro Kilogramm für Ausdauersportler sowie für Kraft- oder Leistungssportler.

Außerdem gilt: Wer zum Abnehmen die Kohlenhydrate oder Fette reduziert, benötigt mehr Eiweiß, um seinen täglichen Energiebedarf decken zu können. Nur so wird im Rahmen einer Diät Fett statt Muskelmasse abgebaut.

Was, wenn die Proteinzufuhr zu gering ist?

Zum Aufbau von Körpersubstanz ist die Zufuhr von Proteinen über die Nahrung unerlässlich. Sie werden nämlich sozusagen als (Körper-)Bausteine benötigt. Werden über die Nahrung jedoch zu wenige – insbesondere essenzielle – Aminosäuren zugeführt, ist der Körper gezwungen, sich aus anderen Quellen zu bedienen. Um genügend Protein zur Verfügung zu haben, greift er dann auf in der Muskulatur vorhandenes, körpereigenes Protein zurück.

Diese Verwertung von körpereigener Muskelmasse ist allerdings alles andere als unproblematisch. Schließlich lässt sie unseren Körper zum einen weniger straff aussehen. Zum anderen – und das ist weitaus problematischer – wird außerdem auch die Funktionsfähigkeit der Muskulatur beeinträchtigt. Bedenkt man, dass das Herz ebenfalls ein Muskel ist, wird die Schwere der Problematik klar.

Zusätzlich dazu leidet aber auch der menschliche Stoffwechsel unter einem Proteinmangel. Nicht selten löst eine zu geringe Proteinzufuhr deshalb Erscheinungen aus wie:

- Müdigkeit,
- Haarausfall,
- einen allgemeinen Leistungsabfall,
- Schlafstörungen,
- Heißhunger,
- trockene Haut und brüchige Nägel,
- Konzentrationsprobleme und
- eine Anfälligkeit für Infekte.

Entsprechend wichtig ist es darum, täglich eine ausreichende Menge an Eiweiß über die Nahrung aufzunehmen.

EIWEISS UND MUSKELAUFBAU

Wer viel Sport treibt und Muskeln aufbauen möchte, sollte insgesamt auf eine ausgewogene und vitaminreiche Ernährung achten. Die gesunde Ernährungsmischung muss dabei selbstverständlich die Hauptnährstoffe Fett, Eiweiß und Kohlenhydrate jeweils in ausreichender Menge mit einschließen.

Geht es um den Muskelaufbau, ist dabei jedoch insbesondere der Bedarf an Eiweiß deutlich gesteigert. Klar, schließlich bestehen Muskeln zu etwa 20 Prozent aus Protein. Und auch für die Regeneration nach einem fordernden Training ist Eiweiß besonders wichtig. Und nur wenn der Proteinbedarf gedeckt ist, können Muskelwachstums- sowie Regenerationsprozesse reibungslos ablaufen.

Selbstverständlich bedeutet das nicht, dass Muskelmasse allein durch eine eiweißreiche Ernährung aufgebaut würde. Vielmehr ist stets ein gewisser Trainingsreiz erforderlich, der den Muskel zur Anpassung an eine gesteigerte Trainingsbelastung und damit zum Wachstum anregt. Damit diese Trainingsbotschaft aber tatsächlich ausgesendet wird, ist eine Belastung und eine Erschöpfung des Muskels durch Training vonnöten.

Allerdings machen über die Nahrung aufgenommene Proteine beim Muskelaufbau dennoch den entscheidenden Unterschied: Da Muskeln zu einem großen Teil aus Protein bestehen, können sie auch nur hieraus aufgebaut werden. Die muskelaufbauende sowie straffende Wirkung des Krafttrainings wird durch eine ausreichende Eiweißzufuhr intensiviert und unterstützt.

Und: Auch Ausdauersportler benötigen genügend Eiweiß! Sind nämlich nach einem fordernden Training die Kohlenhydratreserven aufgebraucht, beginnt der Körper damit, seine Proteinreserven (wie beispielsweise die Muskelmasse) abzubauen. Das ist ein Effekt, den auch Ausdauersportler üblicherweise vermeiden möchten.

Proteinreich abnehmen

Nicht nur für den Muskelaufbau, sondern auch beim Abnehmen sind Proteine besonders wichtig. Verantwortlich hierfür sind zwei entscheidende Mechanismen: Nehmen wir mehr Energie zu uns, als wir verbrauchen, wandelt unser Körper im Ruhezustand in erster Linie Kohlenhydrate in Fett um und lagert dieses – für »schlechte Zeiten sozusagen« – ein. Obwohl der Körper prinzipiell auch überschüssiges Eiweiß zu Fett synthetisieren könnte, fällt ihm dieser Vorgang bei Kohlenhydraten deutlich leichter. Darüber hinaus haben kohlenhydratreiche Speisen oft auch mehr Kalorien, sodass wir hierbei schneller mehr Kalorien aufnehmen, als wir verbrauchen können.

Werden kohlenhydratreiche Speisen aber durch eiweißreiche Kost ersetzt, hat das einen doppelt positiven Abnehmeffekt: Zum einen werden weniger Kalorien konsumiert. Darum besteht auch weniger die Gefahr, zu viel Nahrungsenergie aufzunehmen, die in Fett umgewandelt werden könnte. Gleichzeitig machen proteinreiche Speisen aber besonders satt, sodass schon eine kleinere Kalorienmenge ausreicht. Eine proteinreiche Ernährung in Verbindung mit Bewegung und Sport ist deshalb ein idealer Weg, um Körperfett zu reduzieren und gleichzeitig sogar Muskulatur aufzubauen.

PROTEINE IN UNSERER ERNÄHRUNG

Unsere Nahrungsmittel setzen sich – zu individuell unterschiedlichen Anteilen – aus Kohlenhydraten, Fetten und Proteinen, den drei Hauptnährstoffen, zusammen. Ob ein Lebensmittel als gesund, ungesund, kalorienarm oder kalorienreich eingestuft wird, hängt von den jeweiligen Anteilen der drei Hauptnährstoffe ab.

Früher ging man oft davon aus, dass man, um fit und gesund zu sein, lediglich auf den Kaloriengehalt seiner Lebensmittel achten müsse. Heute hingegen weiß man: Nicht allein der Kaloriengehalt ist entscheidend. Vielmehr kommt es darauf an, wie unsere Ernährung zusammengesetzt ist.

Schließlich spielt auch die Herkunft der aufgenommenen Nahrungskalorien und deren Verwertung im menschlichen Körper – nicht nur beim Abnehmen – eine wichtige Rolle.

Kohlenhydrate:
Getreide, Obst, Hülsenfrüchte oder Kartoffeln enthalten besonders viele Kohlenhydrate. In ihrer komplexen Form kommen sie in unverarbeiteten natürlichen Lebensmitteln gemeinsam mit Mineralien und Ballaststoffen vor. Im Gegensatz zu einfachen Kohlenhydraten (Haushaltszucker, Weißmehl) werden komplexe Kohlenhydrate langsamer verstoffwechselt, liefern viel Energie und halten lange satt.

Besonders wichtig sind kohlenhydratreiche Lebensmittel wie Reis, Getreide oder Hülsenfrüchte deshalb in Zusammenhang mit dem Kraftsport. In ihrer komplexen Form bringen sie viel Energie,

die zur Kraftsteigerung benötigt wird. Zu bedenken ist allerdings: In ihrer einfachen Form (als verarbeitetes Weißmehl oder raffinierter Zucker) treiben sie den Blutzuckerspiegel rasant in die Höhe, ohne Vitamine, Mineralstoffe oder Ballaststoffe zu enthalten. Das verleiht nur kurzfristig Energie und macht schnell wieder hungrig.

Nichtsdestotrotz fördern Kohlenhydrate aber Heißhunger oder Fetteinlagerungen nicht. Da kohlenhydratreiche Lebensmittel jedoch viel Energie (Kalorien) liefern, ist gerade beim Abnehmen auf die richtige Menge zu achten. Ansonsten wird leicht ein Kalorienüberschuss erreicht – und dieser wiederum führt zur Gewichtszunahme.

Fett:
Nahrungsfette können sowohl tierischer als auch pflanzlicher Herkunft sein. Beide Arten sind ihrer Natur entsprechend sehr energiereich und darum gerade beim Abnehmen nur in Maßen zu genießen.

Nichtsdestotrotz sind aber pflanzliche Öle und Fette reich an wertvollen Inhaltsstoffen, die das Herz-Kreislauf-System sowie den Stoffwechsel unterstützen. Sie sollten darum jeden Speiseplan unbedingt ergänzen.

Proteine:
Neben Fetten und Kohlenhydraten stellen Proteine den dritten Hauptnährstoff dar. Außerdem spielen sie bei allen lebenswichtigen Vorgängen in unserem Organismus eine übergeordnete Rolle. Für den ordnungsgemäßen Ablauf sämtlicher Körperfunktionen werden Proteine benötigt. Knochen, Muskeln, viele Hormone sowie das Immunsystem sind auf Proteine als wesentlichen Grundbaustein angewiesen.

Anders als bei Kohlenhydraten ist der Körper aber nicht dazu in der Lage, Proteine zu speichern oder alle notwendigen Proteine selbst herzustellen. Er ist darum auf die stetige Proteinzufuhr über die Nahrung angewiesen. Als mögliche Proteinquellen können sowohl tierische als auch pflanzliche Lebensmittel infrage kommen.

Lebensmittel mit besonders hohem Proteingehalt

Zu den Lebensmitteln tierischen Ursprungs mit besonders hohem Proteingehalt zählen vor allem Fleisch, Fisch, Meeresfrüchte, Geflügel, Eier und Milchprodukte.

- Lachs: Eine Portion Lachs (ca. 150 Gramm) liefert 30 Gramm Protein.
- Thunfisch: 100 Gramm Thunfisch enthalten etwa 20 Gramm Protein.
- Sonstige Fische: Dorade, Forelle, Red Snapper und Tilapia sind besonders proteinreich. Pro 150 Gramm weisen sie etwa 30 Gramm Protein auf.
- Meeresfrüchte: 100 Gramm enthalten etwa 20 Gramm Protein.
- Hähnchen- und Putenfleisch: 100 Gramm liefern rund 25 Gramm Protein.
- Rindfleisch: Eine 150-Gramm-Portion weist etwa 32 Gramm Protein auf
- Schweine- und Lammfleisch: Eine 150-Gramm-Portion schlägt mit etwa 30 Gramm Protein zu Buche.

Proteinreiche vegetarische Lebensmittel

Auch wer kein Fleisch isst, muss auf eine proteinreiche Ernährung natürlich nicht verzichten. Schließlich sind Milchprodukte oder pflanzliche Lebensmittel wie Nüsse, Kerne, Hülsenfrüchte und viele Getreidesorten ebenfalls besonders proteinreich.

- Eier und Milchprodukte: Magerquark oder Hüttenkäse liefern rund 30 Gramm Protein pro 250 Gramm. Ein einziges Ei hingegen enthält etwa 7 Gramm Protein.
- Nüsse: Sie sind ebenfalls proteinreich und beinhalten außerdem wertvolle Omega-3-Fettsäuren.
- Hülsenfrüchte: Linsen, Bohnen oder Erbsen weisen (je nach Sorte) bis zu 30 Gramm Protein pro 100 Gramm auf.
- Gemüse: Spinat enthält rund 2 Gramm Protein pro 100 Gramm, Brokkoli sogar ganze 3 Gramm.
- Sojaprodukte: Tofu schlägt mit ungefähr 12 Gramm Protein pro 100 Gramm zu Buche.
- Haferflocken: Sie liefern etwa 13 Gramm Protein pro 100 Gramm.
- Chiasamen: Sie enthalten ca. 20 Gramm Protein pro 100 Gramm.
- Quinoa: Das Pseudogetreide liefert rund 15 Gramm Protein pro 100 Gramm.

Was sollte man bei einer proteinreichen Ernährung beachten?

Proteine sind stickstoffhaltig und verursachen durch ihren Abbau im Körper Abfallprodukte, die über die Nieren ausgeschieden werden müssen. Durch vermehrtes Trinken sollte der Körper bei jeder Form höherer Proteinaufnahme beim Ausscheiden dieser Schadstoffe unterstützt werden.

Für den erfolgreichen Start in eine proteinreiche Ernährung, die zum Abnehmen oder für den Muskelaufbau dient, finden Sie im Rezeptteil dieses Buches viele leckere Ideen. Die darauffolgenden Ernährungspläne helfen Ihnen dabei, sich proteinreich im Alltag zu ernähren.

Ich wünsche Ihnen viel Spaß beim Ausprobieren der Rezepte!

Guten Appetit!

ZUM UMGANG MIT DIESEM BUCH

Zu den Rezepten finden Sie Tipps sowie die Angabe der Nährwerte:

- kcal steht für Kilokalorien,
- P für Protein,
- KH für Kohlenhydrate,
- F für Fett.

Außerdem sind die Rezepte verschiedenen Kategorien zugeordnet, damit Sie immer sofort erkennen können, welches Gericht mit Fisch, Fleisch, vegetarisch, vegan oder glutenfrei ist. Mit den folgenden Symbolen sind sie übersichtlich gekennzeichnet:

vegetarisch
vegan
glutenfrei

Glutenfrei: Bitte achten Sie bei Ihren Produkten immer auf das Etikett, besonders bei Schokolade, Käse, Gemüsebrühe, Kakaopulver, Gewürzen etc. Auch wenn diese Zutaten meist frei von Gluten sind, können von den Herstellern bestimmte Zusätze verwendet werden, die nicht glutenfrei sind.

Frühstück

ERDBEER-APRIKOSEN-OVERNIGHT-OATS

1 PORTION

PRO PORTION: 387 KCAL/19 G P/45,7 G KH/10,7 G F

ZUTATEN:

- 50 g zarte Haferflocken
- 200 ml ungesüßter Mandeldrink
- 60 g Skyr (alternativ Magerquark)
- 1 TL flüssiger Honig oder Süßungsmittel (nach Belieben)
- 60 g frische Erdbeeren
- 1 mittelgroße Aprikose
- 10 g bunte Leinsamen
- 1 TL Chiasamen

1. Haferflocken in einer Schüssel mit Mandeldrink, Skyr und Honig verrühren. Über Nacht im Kühlschrank quellen lassen.
2. Morgens Erdbeeren entstielen und waschen. Aprikose waschen und entkernen. Beides in Scheiben schneiden. Haferflockenbrei vor dem Verzehr mit dem Obst, den Leinsamen und den Chiasamen garnieren.

TIPP: Die Overnight Oats lassen sich beliebig mit Obst, Mandeln und Nüssen variieren.

HEIDELBEER-PUDDING-OATS

1 PORTION

PRO PORTION: 561 KCAL/31,5 G P/82,5 G KH/11,3 G F

ZUTATEN:

- 50 g zarte Haferflocken
- 100 ml ungesüßter Mandeldrink oder Milch
- 250 ml Wasser
- 2 EL Erythrit
- 15 g Vanillepudding-pulver
- 40 g Banane
- 250 g Magerquark
- 60 g Heidelbeeren
- 15 g dunkle Schokolade (z. B. mit 72 % Kakao-Anteil)

1. Haferflocken, Mandeldrink, Wasser, Erythrit und Puddingpulver in einer Schüssel vermischen.
2. Banane schälen und mit einer Gabel zerdrücken, dann unter den Haferflockenbrei rühren. Masse in einem Topf erhitzen und ca. 5 Minuten bei niedriger Hitze köcheln lassen. Oder in einer mikrowellengeeigneten Schüssel auf höchster Stufe in der Mikrowelle 3–5 Minuten erhitzen. Brei danach 2–3 Minuten auskühlen lassen. Dann den Magerquark einrühren.
3. Heidelbeeren waschen und auf dem Porridge verteilen.
4. Die Hälfte der Schokolade hacken und über die Beeren und Haferflocken streuen. Den Rest in einer Schüssel in der Mikrowelle oder über einem Wasserbad erwärmen und über das Porridge träufeln.

TIPP: Mit einem Proteinpulver mit Vanillegeschmack – anstatt des Vanillepuddingpulvers – werden die Oats noch proteinreicher.

ERDBEER-OVERNIGHT-PORRIDGE

1 PORTION

PRO PORTION: 293 KCAL/15,7 G P/41,1 G KH/5,7 G F

ZUTATEN:

- 50 g zarte Haferflocken
- 200 ml ungesüßter Mandeldrink oder Milch
- 70 g Skyr (alternativ Magerquark)
- 1 TL Erythrit oder Süßungsmittel (nach Belieben)
- 120 g frische Erdbeeren

TIPP: Sie können nach Belieben anderes Obst verwenden und Mandeln oder Nüsse dazugeben.

1. Haferflocken, Mandeldrink, Skyr und Erythrit in einer Schüssel vermischen. Über Nacht im Kühlschrank quellen lassen.
2. Morgens Erdbeeren entstielen, waschen und in Scheiben und Stücke schneiden. Nach Belieben im und auf dem Porridge verteilen.

BEERIGE HÜTTENKÄSE-BOWL

1 PORTION

PRO PORTION: 164 KCAL/26,5 G P/8,4 G KH/1,8 G F

ZUTATEN:

- 200 g Hüttenkäse (0,8 % Fett)
- 1 Spritzer Mineralwasser
- 1 TL Erythrit oder Süßungsmittel (nach Belieben)
- 50 g gemischte Beeren (z. B. Himbeeren und Heidelbeeren)
- gem. Zimt (nach Belieben)

1. Hüttenkäse in einer Schüssel mit Mineralwasser und Erythrit verrühren.
2. Beeren waschen, mit Küchenpapier trocken tupfen und auf der Hüttenkäsemischung verteilen.
3. Nach Belieben mit Zimt verfeinern.

SCHOKOPUDDING-OATS

1 PORTION

PRO PORTION: 590 KCAL/34,4 G P/70,8 G KH/17,5 G F

ZUTATEN:

- 50 g zarte Haferflocken
- 100 ml ungesüßter Mandeldrink
- 250 ml Wasser
- 2 EL Erythrit oder Süßungsmittel (nach Belieben)
- 15 g Schokoladenpuddingpulver
- 1 TL gem. Zimt
- 250 g Magerquark
- 40 g Banane
- 10 g gehobelte Mandeln
- 15 g dunkle Schokolade (z. B. mit 72 % Kakao-Anteil)

1. Haferflocken, Mandeldrink, Wasser, Erythrit, Puddingpulver sowie ½ TL Zimt in einem Topf vermischen, erhitzen und ca. 5 Minuten bei niedriger Hitze köcheln lassen. Oder in einer mikrowellengeeigneten Schüssel auf höchster Stufe 3–5 Minuten in der Mikrowelle erhitzen. Den Brei 2–3 Minuten auskühlen lassen. Dann den Magerquark einrühren.
2. Die Banane schälen und in Scheiben schneiden. Zusammen mit den gehobelten Mandeln auf dem Porridge verteilen. Mit dem restlichen Zimt bestreuen.
3. Die Hälfte der Schokolade hacken und über die Oats verteilen. Den Rest in einer Schüssel in der Mikrowelle oder über dem Wasserbad erwärmen und darüber träufeln.

TIPP: Wenn Sie statt Schokoladenpuddingpulver Proteinpulver mit Schokoladengeschmack verwenden, werden die Oats noch eiweißhaltiger.

QUINOA-PORRIDGE

2 PORTIONEN
PRO PORTION: 465 KCAL/15,1 G P/71,8 G KH/10,9 G F

ZUTATEN:

- 160 g bunte Quinoa
- 300 ml Wasser
- 400 ml ungesüßter Mandeldrink oder Milch
- 1 TL Ahornsirup oder Süßungsmittel (nach Belieben)
- gem. Zimt
- 60 g Heidelbeeren
- 1 TL Walnusskerne
- 1 TL Mandelkerne
- 1 Banane

1. Quinoa in ein Sieb geben und mit lauwarmem Wasser durchspülen, danach abtropfen lassen.
2. Wasser, Mandeldrink und Ahornsirup in einen Topf geben und erwärmen, dabei gut umrühren.
3. Quinoa hinzufügen und alles zum Kochen bringen. Bei niedriger Hitze ca. 20 Minuten köcheln lassen. Dann den Herd ausstellen und Quinoa 5 Minuten nachquellen lassen, bis die Flüssigkeit vollständig aufgesogen wurde. Danach Quinoa mit einer Gabel etwas auflockern und mit Zimt abschmecken.
4. Heidelbeeren waschen und mit Küchenpapier trocken tupfen.
5. Walnüsse und Mandeln zerkleinern.
6. Banane schälen und in Scheiben schneiden.
7. Quinoa auf zwei Schüsseln verteilen und jeweils mit Banane, Heidelbeeren, Walnüssen und Mandeln garnieren.

HEIDELBEER-QUARK-AUFLAUF

2 PORTIONEN

PRO PORTION: 325 KCAL/35,5 G P/30,4 G KH/6,4 G F

ZUTATEN:

- 2 Eier
- 1 Prise Salz
- 500 g Magerquark
- 60 ml Milch
- 40 g Vanillepuddingpulver
- 2 EL Erythrit, 1 EL Ahornsirup oder Süßungsmittel (nach Belieben)
- 1 Prise Vanillepulver
- Fett für die Form
- 120 g Heidelbeeren

1. Backofen auf 170 °C Ober-/Unterhitze vorheizen.
2. Die Eier trennen und das Eiklar mit dem Salz in einer Schüssel mithilfe des Handrührgeräts steif schlagen.
3. Magerquark, Eigelb, Milch, Puddingpulver, Erythrit und Vanillepulver in einer weiteren Schüssel verrühren.
4. Den Eischnee vorsichtig unterheben und die Masse dann in eine gefettete Backform füllen.
5. Heidelbeeren waschen, mit Küchenpapier trocken tupfen und auf der Quarkmasse verteilen.
6. Form in den Ofen stellen und Auflauf 20–25 Minuten backen. Im Ofen auskühlen lassen.

TIPP: Noch proteinreicher wird der Auflauf, wenn Sie das Vanillepuddingpulver durch Proteinpulver mit Vanillegeschmack ersetzen.

QUARKKÜCHLEIN MIT JOGHURT UND HEIDELBEEREN

2 PORTIONEN
PRO PORTION: 376 KCAL/27,6 G P/42,1 G KH/9,9 G F

ZUTATEN:

- 90 g Mehl (z. B. Dinkelmehl) + etwas zum Formen
- 1 Prise Vanillepulver
- ½ TL Backpulver
- 1 Prise Salz
- 250 g Magerquark
- 1 Ei
- 1 TL Erythrit, Ahornsirup oder Süßungsmittel (nach Belieben)
- 1 EL Öl (z. B. Kokosöl)
- 150 g Heidelbeeren
- 150 g griechischer Joghurt (2 % Fett)

1. Mehl, Vanillepulver, Backpulver und Salz in einer Schüssel vermischen.
2. Magerquark, Ei und Erythrit hinzufügen und gut vermengen. Der Teig ist klebrig.
3. 2 EL Mehl auf die Arbeitsfläche streuen, 2 EL Teig daraufgeben und daraus mit bemehlten Händen erst eine Kugel formen und diese dann etwas flach drücken.
4. Öl in einer Pfanne erhitzen.
5. Die Quarkküchlein im heißen Öl bei mittlerer Hitze 2–3 Minuten von jeder Seite braten. Vorgang so lange wiederholen, bis der Teig aufgebraucht ist.
6. Heidelbeeren waschen und mit Küchenpapier trocken tupfen.
7. Quarkküchlein, griechischen Joghurt und Heidelbeeren auf zwei Teller verteilen und servieren.

Suppen und Salate

KICHERERBSENSUPPE MIT GERÖSTETEN SPECKSTREIFEN

2 PORTIONEN
PRO PORTION: 305 KCAL/15,9 G P/20,1 G KH/15,5 G F

ZUTATEN:

220 g Kichererbsen (aus dem Glas)
1 kleine Zwiebel
1 Knoblauchzehe
1 kleine Karotte
1 TL Öl (z. B. Olivenöl)
450 ml Gemüsebrühe
Salz, Pfeffer
1 Prise gem. Kreuzkümmel
½ TL gem. Kurkuma oder Currypulver
80 g Speckstreifen
½ TL Butterschmalz oder Öl

1. Kichererbsen in ein Sieb geben, mit Wasser durchspülen und abtropfen lassen.
2. Zwiebel und Knoblauchzehe abziehen und klein hacken.
3. Karotte waschen, schälen und in Scheiben schneiden.
4. Öl in einen Topf geben und erhitzen. Zwiebel, Knoblauchzehe und Karottenscheiben hinzufügen und ca. 3 Minuten andünsten.
5. Mit der Gemüsebrühe ablöschen. Kichererbsen, Salz, Pfeffer, Kreuzkümmel und Kurkuma hinzufügen und alles ca. 10 Minuten bei mittlerer Hitze köcheln lassen, bis die Karotten weich sind. Dann mit dem Stabmixer zu einer sämigen Suppe pürieren.
6. Während der Kochzeit der Suppe die Speckstreifen in einer Pfanne mit Butterschmalz kross braten.
7. Suppe in zwei Teller füllen und mit gerösteten Speckstreifen garnieren.

BLUMENKOHL-BOHNEN-SUPPE

2 PORTIONEN

PRO PORTION: 264 KCAL/11,4 G P/17,2 G KH/14,7 G F

ZUTATEN:

300 g Blumenkohl
100 g weiße Bohnen (aus dem Glas)
1 kleine Zwiebel
1 TL Butterschmalz oder Butter
350 ml Gemüsebrühe
150 ml Kochsahne (15 % Fett)
Salz, Pfeffer
gem. Muskatnuss

1. Blumenkohl waschen, putzen und in Röschen teilen.
2. Weiße Bohnen in ein Sieb geben, mit Wasser durchspülen, dann abtropfen lassen.
3. Zwiebel abziehen und klein hacken.
4. Butterschmalz in einem Topf erhitzen und Zwiebel darin andünsten.
5. Restliche Zutaten hinzufügen und 10–15 Minuten bei mittlerer Hitze köcheln lassen, bis der Blumenkohl weich ist.
6. Suppe dann mit dem Stabmixer pürieren und mit Salz, Pfeffer und Muskatnuss abschmecken.

ROTE LINSENSUPPE

2 PORTIONEN

PRO PORTION: 349 KCAL/16,7 G P/35,5 G KH/12,8 G F

ZUTATEN:

- 1 kleine Zwiebel
- 1 kleine Karotte
- 1 TL Butterschmalz oder Butter
- 120 g rote Linsen
- 350 ml Gemüsebrühe
- 150 ml fettreduzierte Kokosmilch
- Salz, Pfeffer
- 1 TL gem. Kurkuma oder Currypulver
- 1 EL Zitronensaft

1. Zwiebel abziehen und klein hacken.
2. Karotte waschen, schälen und in Scheiben schneiden.
3. Butterschmalz in einem Topf erhitzen, Zwiebel und Karotte darin andünsten.
4. Linsen, Gemüsebrühe, Kokosmilch, Salz, Pfeffer und Kurkuma hinzufügen und bei mittlerer Hitze 20–25 Minuten köcheln lassen.
5. Sobald die Linsen weich sind, Suppe mit dem Stabmixer pürieren. Mit Zitronensaft, Salz und Pfeffer abschmecken.

BUNTER THUNFISCH-EI-SALAT

1 PORTION

PRO PORTION: 579 KCAL/56 G P/13 G KH/29 G F

ZUTATEN:

- 50 g Babyspinat
- 30 g Rucola
- 50 g Salatgurke
- 4 Kirschtomaten
- ½ rote Zwiebel
- 40 g Avocado
- 1 Bio-Zitrone
- 150 g Thunfisch in eigenem Saft (aus der Dose)
- 40 g schwarze Oliven (ohne Stein)
- 1 Prise getr. Kräuter (z. B. Basilikum)
- Salz, Pfeffer
- 1 hart gekochtes Ei

1. Babyspinat und Rucola verlesen, waschen und trocken schütteln.
2. Gurke waschen, putzen und in Scheiben schneiden. Kirschtomaten waschen und jeweils dritteln.
3. Zwiebel abziehen und in Scheiben schneiden.
4. Avocado schälen, entkernen und in Scheiben schneiden.
5. Die vorbereiteten Zutaten in einer Salatschüssel vermischen.
6. Zitrone waschen und in Spalten schneiden. Etwas Zitronensaft über den Salat träufeln.
7. Thunfisch abtropfen lassen, etwas zerpflücken und mit den Oliven unter den Salat heben. Mit Kräutern sowie Salz und Pfeffer würzen.
8. Ei schälen, in Spalten schneiden und auf dem Salat verteilen.
9. Salat mit Zitronenspalten servieren.

LACHS AUF BUNTEM FRÜHLINGSSALAT

1 PORTION

PRO PORTION: 477 KCAL/29,3 G P/12,8 G KH/33,6 G F

ZUTATEN:

125 g Lachsfilet
Salz, Pfeffer
1 TL Öl (z. B. Olivenöl)
100 g gemischter Salat (z. B. Rucola, Blattspinat, Radicchio)
½ rote Zwiebel
½ orange Paprikaschote
60 g Salatgurke
5 Kirschtomaten
60 g Avocado
1 EL Apfelessig
einige Spritzer Zitronensaft
2 Stängel frisches Basilikum
1 TL weißer ungeschälter Sesam

1. Lachsfilet säubern, von beiden Seiten salzen und pfeffern.
2. Olivenöl in einer Pfanne erhitzen und das Lachsfilet darin von beiden Seiten anbraten und dann bei mittlerer Hitze in ca. 5 Minuten fertig garen. Danach Pfanne vom Herd nehmen.
3. Währenddessen den Salat waschen. Zwiebel abziehen, halbieren und in Scheiben schneiden. Restliches Gemüse waschen und putzen. Paprika in dünne Streifen schneiden und nochmals halbieren. Gurke in Scheiben schneiden und Kirschtomaten vierteln.
4. Avocado schälen, entkernen, in Scheiben schneiden und nochmals vierteln.
5. Salat und Gemüse auf einen Teller geben, das Lachsfilet in Stücke zerkleinern und hinzufügen.
6. Alles mit Apfelessig und Zitronensaft beträufeln und mit Salz und Pfeffer würzen. Gut vermischen.
7. Basilikum waschen, trocken schütteln, Blätter abzupfen und auf dem Salat verteilen.
8. Mit Sesam garnieren.

BULGURSALAT

1 PORTION

PRO PORTION: 436 KCAL/26,4 G P/52,3 G KH/11,8 G F

ZUTATEN:

60 g Bulgur
150 g Salatgurke
4 Kirschtomaten
80 g fettreduzierter Feta
bunter Pfeffer
Salz
1 TL Öl (z. B. Olivenöl)
Saft von ½ Zitrone

1. Bulgur laut Packungsangabe zubereiten.
2. Gemüse waschen, Gurke in dünne Scheiben schneiden, Tomaten vierteln.
3. Feta abtropfen lassen und in Würfel schneiden. Die vorbereiteten Zutaten in einer Schüssel mit dem Bulgur vermischen. Mit buntem Pfeffer, Salz, Olivenöl und Zitronensaft würzen.

THUNFISCH-AVOCADO-SALAT

1 PORTION

PRO PORTION: 396 KCAL/40 G P/4,8 G KH/20,9 G F

ZUTATEN:

½ kleine rote Zwiebel
80 g Salat (z. B. Rucola)
60 g Avocado
150 g Thunfisch in eigenem Saft (aus der Dose)
1 TL Öl (z. B. Olivenöl)
Saft von ½ Limette
Salz, Pfeffer

1. Zwiebel abziehen und in Scheiben schneiden.
2. Salat waschen, trocken schütteln und etwas kleiner zupfen.
3. Avocado schälen, entkernen und in Spalten schneiden.
4. Thunfisch abtropfen lassen und in Stücke zerteilen.
5. Alle vorbereiteten Zutaten auf einem Teller anrichten. Mit Öl und Limettensaft beträufeln und mit Salz und Pfeffer kräftig würzen.

RADIESCHEN-FETA-SALAT

1 PORTION
PRO PORTION: 332 KCAL/28,7 G P/7 G KH/20,6 G F

ZUTATEN:

6 bunte Kirschtomaten
10 Radieschen
60 g Salatgurke
120 g fettreduzierter Feta
1 Stängel Basilikum
1 Stängel Dill
1 TL Öl (z. B. Olivenöl)
1 EL Essig (z. B. Balsamico bianco)
1 Prise Erythrit oder Süßungsmittel (nach Belieben)
Salz, Pfeffer

1. Gemüse waschen und putzen. Tomaten vierteln, restliches Gemüse in kleine Stücke schneiden und alles in eine Schüssel füllen.
2. Feta abtropfen lassen und in den Salat bröckeln.
3. Kräuter waschen, trocken schütteln. Basilikumblätter abzupfen und in kleine Stücke schneiden, Dill hacken und beides zum Salat geben.
4. Öl, Essig, Erythrit, Salz und Pfeffer hinzufügen und alles gut durchmischen.

HÄHNCHEN MIT RUCOLA-MANGO-SALAT

1 PORTION
PRO PORTION: 371 KCAL/36,1 G P/23,6 G KH/14,8 G F

ZUTATEN:

140 g Hähnchenbrust
Salz, Pfeffer
edelsüßes Paprikapulver
½ rote Paprikaschote
1 TL Öl (z. B. Olivenöl)
100 g Mango
50 g Avocado
1 Chilischote
50 g Rucola
2 Stängel Petersilie
Saft von ½ Limette

1. Hähnchenbrustfilet waschen und mit Küchenpapier trocken tupfen. Dann von beiden Seiten mit Salz, Pfeffer und Paprikapulver würzen.
2. Paprika waschen, putzen und in Streifen schneiden.
3. Öl in einer Pfanne erhitzen und das Hähnchenbrustfilet darin von beiden Seiten anbraten. Dann Paprikastreifen hinzufügen und ca. 5 Minuten weiterbraten.
4. Mango und Avocado schälen, Fruchtfleisch jeweils in Würfel schneiden. Chilischote waschen, putzen und klein schneiden. Rucola und Petersilie waschen, trocken schütteln und kleiner schneiden oder zupfen.
5. Mango- und Avocadowürfel zusammen mit Rucola, Petersilie und Chilischote auf einem Teller anrichten.
6. Hähnchen in Streifen schneiden und mit den Paprikastreifen auf den Teller geben.
7. Mit Limettensaft beträufeln und mit Salz und Pfeffer würzen.

Vegetarische Hauptgerichte

GEMÜSE-FETA-EIER-MUFFINS

6 STÜCK

PRO STÜCK: 122 KCAL/8,7 G P/5 G KH/6,8 G F

ZUTATEN:

6 Eier
150 g rote Paprikaschoten
200 g Karotten
2 Frühlingszwiebeln
50 g Feta
Salz, Pfeffer
1 Prise getr. Petersilie
Fett für die Form

1. Backofen auf 180 °C Umluft vorheizen.
2. Eier in eine Schüssel aufschlagen und mit dem Schneebesen gut verquirlen.
3. Paprikaschoten putzen, waschen und grob würfeln.
4. Karotten putzen, schälen, der Länge nach halbieren, dann in dünne Scheiben schneiden.
5. Frühlingszwiebeln waschen, putzen und in dünne Ringe schneiden.
6. Paprika, Karotten und Frühlingszwiebeln zu den Eiern in die Schüssel geben. Den Feta abtropfen lassen und hinzubröseln. Alles gut vermischen, mit Salz, Pfeffer und Petersilie würzen.
7. Die Eiermasse in sechs gefettete Mulden eines Muffinblechs füllen und 25–30 Minuten im Ofen backen.

TIPP: Die Eiermuffins sind beliebig variierbar, zum Beispiel mit Hähnchenbruststücken, Putenwurst, Schinken, Brokkoli, Tomaten usw.

VEGETARISCHE MINI-PIZZEN

1 PORTION

PRO PORTION: 386 KCAL/26,6 G P/48,4 G KH/7,7 G F

ZUTATEN:

- 65 g Dinkelvollkornmehl + etwas für die Arbeitsfläche
- ½ TL Backpulver
- 1 Prise Salz
- 60 g griechischer Joghurt (2 % Fett)
- 1 orange Mini-Paprikaschote
- 1 rote Mini-Paprikaschote
- 100 g fettreduzierter körniger Frischkäse
- Salz, Pfeffer
- 1 kleine Handvoll Rucolablätter und/oder Blattspinat

1. Backofen auf 200 °C Ober-/Unterhitze vorheizen.
2. Mehl in einer Schüssel mit Backpulver und Salz vermischen. Den griechischen Joghurt dazugeben und alles mit dem Handrührgerät zu einem geschmeidigen Teig verkneten. Gegebenenfalls 1–2 EL Wasser hinzufügen.
3. Teig in 4 Portionen aufteilen und diese auf der bemehlten Arbeitsfläche zu Kugeln rollen. Dann kleine runde Pizzen daraus formen und mit einer Gabel mehrmals einstechen. Auf einem mit Backpapier belegten Blech verteilen.
4. Paprikaschoten waschen, putzen und in Streifen schneiden.
5. Pizzen mit Frischkäse bestreichen und mit Paprika bunt belegen. Salzen und pfeffern und auf der mittleren Schiene im Ofen in ca. 10 Minuten goldgelb backen.
6. Währenddessen Rucola und Blattspinat waschen, trocken schütteln, etwas zurechtzupfen und dann auf den gebackenen Pizzen verteilen.

TIPPS: Der Belag lässt sich ganz nach Belieben verändern, zum Beispiel mit Tomate, Mozzarella, Champignons etc.

Anstatt Mini-Pizzen können Sie aus dem Teig auch eine große runde Pizza formen.

KRÄUTEROMELETTE MIT RICOTTA

2 PORTIONEN
PRO PORTION: 326 KCAL/17 G P/4,5 G KH/26,2 G F

ZUTATEN:

4 Eier
½ Bund Petersilie
10 Blätter Basilikum
½ Bund Schnittlauch
Salz, Pfeffer
1 EL Öl (z. B. Olivenöl)
50 g Ricotta
20 g Walnusskerne

1. Eier in eine Schüssel aufschlagen und mit dem Schneebesen verquirlen.
2. Kräuter waschen und trocken schütteln. Einige Basilikumblätter zur Seite legen, die restlichen Kräuter hacken und zu den Eiern geben. Eier-Kräuter-Mischung salzen und pfeffern.
3. Öl in einer Pfanne erhitzen, Eier-Kräuter-Mischung hineingießen und etwa 3 Minuten stocken lassen. Deckel auflegen und die Masse weitere 5 Minuten bei mittlerer Hitze durchgaren.
4. Omelette auf einen Servierteller geben und Ricotta mit einem Löffel darauf verteilen. Mit Walnüssen und restlichem Basilikum bestreuen.

TOFUSTICKS IN ASIATISCHER ERDNUSSMARINADE MIT GEMÜSE

2 PORTIONEN

PRO PORTION: 358 KCAL/23,1 G P/15,6 G KH/22,3 G F

ZUTATEN:

- 200 g Tofu
- 1 TL frisch geriebener Ingwer
- 1 EL Erdnussöl
- 3 EL Sojasauce
- 1 EL Erdnussmus
- 1 gelbe Paprikaschote
- 1 rote Paprikaschote
- 150 g Brokkoli
- 1 rote Chilischote
- 1 kleine Zwiebel
- 1 EL Sesamöl
- 100 ml Gemüsebrühe
- 1 TL Sesamsamen

1. Tofu zwischen saugfähige Tücher legen, beschweren und mindestens 30 Minuten pressen.
2. Für die Marinade Ingwer in einer Schüssel mit Erdnussöl, 2 EL Sojasauce und Erdnussmus verrühren.
3. Gepressten Tofu der Länge nach in Streifen schneiden und in der Marinade wenden.
4. Paprikaschoten, Brokkoli und Chilischote putzen und waschen. Paprika in Streifen schneiden, Brokkoli in kleine Röschen zerteilen und Chilischote in Ringe schneiden. Zwiebel abziehen und in Ringe schneiden.
5. Sesamöl in einer Pfanne erhitzen und das Gemüse darin anbraten. Mit Gemüsebrühe ablöschen und einige Minuten weitergaren, bis das Gemüse gar, aber noch bissfest ist. Mit der restlichen Sojasauce würzen.
6. Währenddessen eine weitere Pfanne bei mittlerer Temperatur erhitzen und die Tofusticks darin ohne Öl rundum anbraten.
7. Gemüse und Tofusticks auf Tellern anrichten und mit Sesamsamen bestreut servieren.

GEBACKENE EIER IN AVOCADOHÄLFTEN

1 PORTION

PRO PORTION: 441 KCAL/18,7 G P/21,3 G KH/34,9 G F

ZUTATEN:

1 Avocado
1 EL Zitronensaft
2 Eier
Salz, grober Pfeffer
½ Zucchini (ca. 150 g)

1. Backofen auf 180 °C Umluft vorheizen.
2. Avocado halbieren und den Kern entfernen. Mit einem Löffel etwas aushöhlen und danach in eine Auflaufform setzen. Damit die Avocadohälften gerade stehen bleiben, mit etwas aufgerollter Alufolie nachhelfen.
3. Das Fruchtfleisch in den Avocadohälften mit Zitronensaft beträufeln. Die Eier einzeln am besten in ein Glas aufschlagen und jeweils ein Ei in eine Avocadohälfte gleiten lassen. Dann kräftig mit Salz und grobem Pfeffer würzen.
4. Auflaufform in den Ofen stellen und Eier 10–15 Minuten backen.
5. Zucchini putzen, waschen und mit einem Sparschäler in feine Streifen hobeln (Bandnudelform). Mit den gefüllten Avocadohälften servieren.

TIPPS: Avocado vor dem Servieren mit frischen Schnittlauchröllchen und gehackter Petersilie bestreuen.

Das vom Aushöhlen übrige Fruchtfleisch der Avocado können Sie mit 2 EL Frischkäse, Salz und Pfeffer vermengen und als Avocadocreme dazu essen.

CURRY-BULGUR MIT TSATSIKI

1 PORTION
PRO PORTION: 386 KCAL/27,1 G P/54,1 G KH/5,3 G F

ZUTATEN:
- 60 g Bulgur
- 1 Stängel frisches Basilikum
- 1 TL gelbe Currypaste
- ½ TL Currypulver
- ½ TL gem. Kurkuma
- 150 g Magerquark
- 40 g Salatgurke
- 30 g fettreduzierter Feta
- Salz, Pfeffer
- 1 rote Chilischote

1. Bulgur laut Packungsangabe zubereiten.
2. Basilikum waschen, trocken schütteln und grob hacken.
3. Bulgur in einer Pfanne bei mittlerer Hitze mit Basilikum, Currypaste, Currypulver und Kurkuma vermischen und anschwitzen.
4. Magerquark in einer Schüssel mit 3–5 EL Wasser glatt rühren.
5. Gurke putzen, waschen, hobeln und leicht ausdrücken. Den Feta abtropfen lassen und zerbröckeln. Beides unter den Quark mischen. Mit Salz und Pfeffer abschmecken.
6. Die Chilischote waschen und das Tsatsiki damit garnieren oder putzen, hacken und unter den Bulgur heben.

ZUCCHINI-FETA-PFANNE

1 PORTION

PRO PORTION: 398 KCAL/31,7 G P/6,9 G KH/26,1 G F

ZUTATEN:

1 Zucchini (ca. 300 g)
1 EL Öl (z. B. Olivenöl)
Salz, Pfeffer
½ TL getr. Kräuter (z. B. Oregano)
80 g Rucola
120 g fettreduzierter Feta

1. Zucchini putzen, waschen und in Scheiben schneiden. Dann in eine Schüssel geben und gut mit Öl, Salz, Pfeffer und getrockneten Kräutern vermischen.
2. (Grill-)Pfanne erhitzen und die Zucchinischeiben darin auf beiden Seiten braten.
3. Rucola waschen und trocken schütteln. Feta abtropfen lassen und in Würfel schneiden, mit gegrillten Zucchinischeiben und Rucola in die Pfanne geben und alles vermischen, Herd ausschalten.
4. Alles auf einem Teller anrichten und nochmals mit den Gewürzen abschmecken.

KICHERERBSEN-TOMATEN-CURRY

1 PORTION

PRO PORTION: 441 KCAL/ 22,1 G P/ 51,8 G KH/ 11,4 G F

ZUTATEN:

- 220 g Kichererbsen (aus dem Glas)
- 1 kleine Zwiebel
- 1 TL Öl (z. B. Olivenöl)
- 1 EL Tomatenmark
- 400 g gehackte Tomaten (aus der Dose)
- Salz, Pfeffer
- gem. Kreuzkümmel
- Currypulver oder gem. Kurkuma

1. Kichererbsen in ein Sieb gießen, mit Wasser durchspülen und abtropfen lassen.
2. Zwiebel abziehen und klein hacken.
3. Öl in einen Topf geben und Zwiebel und Tomatenmark darin andünsten.
4. Gehackte Tomaten unterrühren, mit Salz, Pfeffer, Kreuzkümmel und Currypulver nach Belieben würzen. Sauce ca. 5 Minuten bei mittlerer Hitze köcheln lassen.
5. Kichererbsen einrühren und Curry in 5 Minuten bei niedriger Hitze fertig kochen.

PANCAKES MIT GEMÜSE

2 PORTIONEN
PRO PORTION: 510 KCAL/22,8 G P/7,8 G KH/41,2 G F

ZUTATEN:

- 30 ml Kokosöl
- 2 Eier
- 70 g gem. Mandeln
- 20 g Leinsamenmehl oder Dinkelmehl
- ½ TL Salz
- 300 ml Wasser
- 1 kleine rote Zwiebel
- 100 g Champignons
- 50 g gemischter Salat
- 1 TL Öl (z. B. Olivenöl)
- Salz, Pfeffer
- 4 EL griechischer Joghurt oder Kräuterquark

1. Kokosöl erwärmen, bis es flüssig ist. Eier in eine Schüssel aufschlagen und mit Kokosöl, Mandeln, Leinsamenmehl, Salz und Wasser vermischen. Nach Bedarf etwas mehr Wasser hinzufügen. Der Teig sollte sich gießen lassen, aber noch zähflüssig sein.
2. Eine beschichtete Pfanne bei mittlerer Temperatur erhitzen und ¼ des Teigs mit einer Kelle hineingießen. Etwa 3 Minuten auf einer Seite backen, dann wenden und weitere 3 Minuten braten. Pancake beiseite legen und mit dem restlichen Teig genauso verfahren.
3. Zwiebel schälen und in Ringe schneiden. Champignons putzen und in Scheiben schneiden. Salat waschen und trocken schleudern.
4. Öl in einer Pfanne erhitzen und Zwiebel und Champignons darin anbraten. Mit Salz und Pfeffer würzen.
5. Pancakes auf zwei Teller verteilen, übereinanderschichten, mit Salat und gebratenem Gemüse belegen und nach Geschmack mit Joghurt oder Quark toppen.

Hauptgerichte mit Rind und Schwein

BUNTES GULASCH

2 PORTIONEN

PRO PORTION: 566 KCAL/30,6 G P/50,6 G KH/23 G F

ZUTATEN:

- 150 g Gulasch (z. B. vom Rind)
- 2 festkochende Kartoffeln (ca. 200 g)
- 1 Karotte
- 1 rote Paprikaschote
- 1 EL Öl (z. B. Olivenöl)
- 1 Zwiebel
- 2 EL Tomatenmark
- 400 g gehackte Tomaten (aus der Dose)
- 200 ml Fleischbrühe
- Salz, Pfeffer
- edelsüßes und rosenscharfes Paprikapulver
- Chilipulver
- 220 g Kichererbsen (aus dem Glas)

1. Gulasch in ein Sieb geben, mit Wasser durchspülen und abtropfen lassen.
2. Kartoffeln und Karotte waschen, schälen und in Stücke bzw. Scheiben schneiden.
3. Paprikaschote putzen, waschen und in Stücke schneiden.
4. ½ EL Öl in einen Topf geben und das Fleisch darin von allen Seiten scharf anbraten, dann aus dem Topf nehmen.
5. Zwiebel abziehen und klein hacken.
6. Restliches Öl in den Topf geben und die Zwiebeln darin glasig dünsten.
7. Tomatenmark hinzufügen und kurz mitdünsten.
8. Paprika- und Karottenstücke hinzufügen und nochmals kurz mitgaren.
9. Dann Kartoffeln, Fleisch, gehackte Tomaten und Fleischbrühe dazugeben und Gulasch nach Belieben mit den Gewürzen abschmecken. 20 Minuten bei mittlerer Hitze köcheln lassen.
10. Die Kichererbsen in einem Sieb mit Wasser abspülen und abtropfen lassen. In das Gulasch einrühren und 10 Minuten bei niedriger Hitze garen. Vor dem Servieren Gulasch nochmals mit den Gewürzen abschmecken.

TIPP: Mit gehackter Petersilie bestreuen.

BURGER OHNE BRÖTCHEN

2 PORTIONEN
PRO PORTION: 278 KCAL/31,7 G P/5,6 G KH/12,4 G F

ZUTATEN:

- 1 rote Zwiebel
- 300 g Rindertatar oder mageres Rinderhackfleisch
- Salz, Pfeffer
- edelsüßes Paprikapulver
- 1 TL Tomatenmark
- 1 TL mittelscharfer Senf
- 1 TL Öl (z. B. Olivenöl)
- 1 Tomate
- 4 Blätter Salat (z. B. Kopfsalat)
- 2 Scheiben Käse (z. B. Scheibletten)

1. Zwiebel abziehen, die Hälfte der Zwiebel in kleine Würfel schneiden.
2. Rindertatar in einer Schüssel mit den gewürfelten Zwiebeln, Salz, Pfeffer, Paprikapulver, Tomatenmark und Senf zu einem Teig verkneten und daraus 2 Patties formen.
3. Öl in einer Pfanne erhitzen und die Patties darin 5–7 Minuten von beiden Seiten anbraten und durchgaren.
4. Währenddessen Scheiben von der restlichen Zwiebel abschneiden.
5. Tomate waschen und ebenfalls in Scheiben schneiden.
6. Salat waschen und mit Küchenpapier trocken tupfen.
7. Danach aus den Zutaten zwei Burger zusammenstellen. Erst jeweils ein Salatblatt mit Tomate und Zwiebel belegen, dann ein Patty daraufsetzen, eine Käsescheibe obenauf legen und mit einem Salatblatt abschließen.

FILETPFÄNNCHEN

1 PORTION

PRO PORTION: 336 KCAL/35,1 G P/6,6 G KH/16 G F

ZUTATEN:

- 150 g Filet (z. B. vom Schwein)
- 1 kleine Zwiebel
- 3 Kirschtomaten
- 100 g Pilze (z. B. Champignons)
- 1 EL Öl (z. B. Olivenöl)
- Salz, Pfeffer

1. Filetfleisch abwaschen, mit Küchenpapier trocken tupfen und in Scheiben schneiden.
2. Zwiebel abziehen, Tomaten waschen und abtrocknen. Beides in kleine Stücke schneiden.
3. Pilze putzen und in Scheiben schneiden.
4. ½ EL Öl in einer Pfanne erhitzen, Pilze darin von beiden Seiten scharf anbraten und dann aus der Pfanne nehmen.
5. Restliches Öl in die Pfanne geben, erst Zwiebelstücke darin glasig dünsten, dann die Filetscheiben von beiden Seiten anbraten.
6. Pilze und Tomaten zum Erwärmen noch kurz hinzufügen und das Gericht mit Salz und Pfeffer abschmecken.

HACKFLEISCH-PIZZA

2 PORTIONEN

PRO PORTION: 630 KCAL/48,2 G P/14,8 G KH/41 G F

ZUTATEN:

1 Zwiebel
350 g gemischtes Hackfleisch
1 Ei
70 g Reibekäse
Salz, Pfeffer
edelsüßes Paprikapulver
1 EL Tomatenmark
1 TL mittelscharfer Senf
1 rote Paprikaschote
1 gelbe Paprikaschote
1 große rote Zwiebel
2 Tomaten
2 grüne Peperoni
Salz, Pfeffer
getr. Oregano
getr. Majoran
100 g passierte Tomaten
Fett für die Form

1. Backofen auf 170 °C Umluft vorheizen.
2. Die Zwiebel abziehen und in kleine Würfel schneiden.
3. Hackfleisch in einer Schüssel mit Ei, 20 g Reibekäse, Zwiebel, Salz, Pfeffer, Paprikapulver, Tomatenmark und Senf verkneten und in eine gefettete Auflaufform (16 x 26 cm) oder auf ein mit Backpapier belegtes Backblech als Pizzaboden geben und andrücken.
4. Paprikaschoten putzen, waschen und in Streifen schneiden.
5. Rote Zwiebel abziehen und in Scheiben schneiden.
6. Tomaten waschen und in Schnitze zerteilen.
7. Peperoni putzen, waschen und evtl. noch in kleinere Stücke schneiden.
8. Gemüsestücke in eine Schüssel geben und mit Salz, Pfeffer, Oregano und Majoran vermischen.
9. Für die Tomatensauce passierte Tomaten in einer Schüssel mit etwas Oregano verrühren.
10. Tomatensauce auf dem Hackfleischboden verteilen, dann mit der Gemüsemischung belegen und alles mit dem restlichen Käse bestreuen.
11. Pizza in den Ofen schieben und 20–25 Minuten backen.

DUNKLES CHILI MIT AVOCADO

2 PORTIONEN

PRO PORTION: 536 KCAL/34,3 G P/49,1 KH/20,1 G F

ZUTATEN:

1 Zwiebel
1 TL Öl (z. B. Olivenöl)
1 EL Tomatenmark
150 g Hackfleisch (z. B. vom Rind)
400 g gehackte Tomaten (aus der Dose)
100 ml Fleischbrühe
Salz, Pfeffer
getr. Oregano
Cayennepfeffer
255 g Kidneybohnen (aus der Dose)
220 g schwarze Bohnen (aus der Dose)
edelsüßes und rosenscharfes Paprikapulver
Chilipulver
Tabasco-Sauce
½ Avocado

1. Zwiebel abziehen und klein hacken.
2. Öl in einen Topf geben und Zwiebel mit dem Tomatenmark darin andünsten.
3. Hackfleisch hinzufügen und in ca. 3 Minuten krümelig braten.
4. Gehackte Tomaten, Fleischbrühe, Salz, Pfeffer, Oregano und Cayennepfeffer einrühren und alles ca. 15 Minuten bei mittlerer Hitze köcheln lassen.
5. Bohnen in ein Sieb geben, mit Wasser durchspülen, dann abtropfen lassen.
6. Bohnen in den Topf hinzugeben und Chili nach Belieben mit Paprika-, Chilipulver und Tabasco-Sauce würzen. In ca. 5 Minuten bei niedriger Hitze fertig kochen.
7. Avocado entkernen und das Fruchtfleisch mit einem Löffel herauslösen und in Stücke schneiden.
8. Chili auf zwei Schüsseln verteilen und jeweils mit Avocadostücken belegen.

RINDFLEISCH-FAJITAS-PFANNE

1 PORTION

PRO PORTION: 438 KCAL/35,5 G P/24,2 G KH/20,1 G F

ZUTATEN:

150 g Rindersteak
Salz, Pfeffer
1 EL Öl (z. B. Olivenöl)
1 rote Zwiebel
1 gelbe Paprikaschote
1 grüne Paprikaschote
1 rote Paprikaschote
2 EL Limettensaft

1. Rindersteak abwaschen, mit Küchenpapier trocken tupfen, mit Salz und Pfeffer würzen.
2. ½ EL Öl in eine Pfanne geben und das Fleisch darin von beiden Seiten scharf anbraten, dann aus der Pfanne nehmen.
3. Zwiebel abziehen und in Scheiben schneiden.
4. Paprikaschoten putzen, waschen und in Streifen schneiden.
5. Restliches Öl in einer Pfanne erhitzen. Zwiebel- und Paprikastreifen darin ca. 5 Minuten dünsten.
6. Fleisch in Streifen schneiden und zur Zwiebel-Paprika-Mischung in die Pfanne geben. Weitere 3 Minuten garen.
7. Mit Salz, Pfeffer und Limettensaft abschmecken.

RATATOUILLE-HACKFLEISCH-GRATIN

2 PORTIONEN

PRO PORTION: 518 KCAL/37 G P/21,7 G KH/27,7 G F

ZUTATEN:

- 1 kleine Zwiebel
- 1 TL Öl (z. B. Olivenöl)
- 200 g Hackfleisch (z. B. vom Rind)
- 400 g gehackte Tomaten (aus der Dose)
- getr. Oregano
- getr. Basilikum
- Salz, Pfeffer
- 1 Aubergine
- 1 Zucchini
- 2 große Tomaten
- Fett für die Form
- 50 g Reibekäse

1. Backofen auf 180 °C Umluft vorheizen.
2. Zwiebel abziehen und klein hacken.
3. Öl in eine Pfanne geben, Hackfleisch und Zwiebeln hinzufügen und 3 Minuten garen.
4. Gehackte Tomaten mit etwas Oregano, Basilikum, Salz und Pfeffer hinzufügen und kurz aufkochen lassen.
5. Aubergine, Zucchini und Tomaten putzen, waschen und in Scheiben schneiden.
6. In eine gefettete runde Auflaufform (ca. 26 cm Durchmesser) erst die Hack-Tomaten-Masse einfüllen und dann die Gemüsescheiben darauf abwechselnd einschichten.
7. Auflauf mit Reibekäse bestreuen und im Ofen 35–40 Minuten backen.

FLAMMKUCHEN

4 PORTIONEN

PRO PORTION: 404 KCAL/37,3 G P/9,4 G KH/24,2 G F

ZUTATEN:

- 2 Eier
- 200 g fettreduzierter Reibekäse
- 250 g Magerquark
- Salz, Pfeffer
- ½ Bund Frühlingszwiebeln
- 200 g Schmand
- 200 g fettreduzierte Katenschinkenwürfel
- getr. Oregano

1. Backofen auf 180 °C Umluft vorheizen.
2. Eier, Reibekäse und Magerquark in einer Schüssel mit dem Schneebesen verquirlen. Mit Salz und Pfeffer würzen. Ein mit Backpapier ausgelegtes Backblech mit der Masse dünn bestreichen oder 4 Flammkuchenböden daraus formen.
3. Dann Teig im vorgeheizten Backofen 10–15 Minuten vorbacken.
4. In der Zwischenzeit die Frühlingszwiebeln putzen, waschen und in dünne Ringe schneiden.
5. Vorgebackenen Flammkuchenteig aus dem Backofen nehmen und mit Schmand bestreichen.
6. Mit Schinkenwürfeln und Frühlingszwiebeln belegen und mit etwas Oregano bestreuen. In ca. 20 Minuten im Ofen fertig backen.

KICHERERBSEN-HACK-PFANNE

2 PORTIONEN
PRO PORTION: 494 KCAL/36,3 G P/20,8 G KH/25,4 G F

ZUTATEN:

- 1 kleine Zwiebel
- 1 TL Öl (z. B. Olivenöl)
- 200 g Hackfleisch (z. B. vom Rind)
- 1 Tomate
- 1 EL Tomatenmark
- 150 ml Fleischbrühe
- 220 g Kichererbsen (aus dem Glas)
- Salz, Pfeffer
- edelsüßes Paprikapulver
- 50 g fettreduzierter Feta
- 2 Stängel frische Petersilie

1. Zwiebel abziehen und klein hacken.
2. Öl in eine Pfanne geben, Hackfleisch und Zwiebeln hinzufügen und 3 Minuten braten.
3. Tomate waschen und in kleine Stücke schneiden. Zusammen mit Tomatenmark und Fleischbrühe in die Pfanne rühren und alles ca. 8 Minuten bei mittlerer Hitze köcheln lassen.
4. Kichererbsen in ein Sieb geben, mit Wasser durchspülen und abtropfen lassen.
5. In die Pfanne geben, alles mit Salz, Pfeffer und Paprikapulver abschmecken.
6. Feta abtropfen lassen, zerkrümeln und über die Kichererbsen-Hack-Pfanne verteilen.
7. Petersilie waschen, trocken schütteln, hacken und Gericht damit garnieren.

Hauptgerichte mit Hähnchen

HÄHNCHEN IN TOMATENSAUCE AUF BULGUR

1 PORTION

PRO PORTION: 443 KCAL/43,4 G P/48,8 G KH/7,2 G F

ZUTATEN:

- 60 g Bulgur
- ½–1 TL getr. Kräuter (z. B. Basilikum)
- Salz, Pfeffer
- 1 Schalotte
- 1 TL Öl (z. B. Olivenöl)
- 150 g Hähnchenbrustfilet
- 120 g passierte Tomaten

1. Bulgur laut Packungsangabe zubereiten.
2. Mit Kräutern, Salz und Pfeffer abschmecken.
3. Schalotte abziehen und fein würfeln.
4. Öl in einer Pfanne erhitzen und die Schalotte darin bei mittlerer Hitze glasig anschwitzen.
5. Hähnchenbrust säubern, in mundgerechte Stücke schneiden, mit Salz und Pfeffer würzen. Dann in die Pfanne geben und ca. 5 Minuten von allen Seiten anbraten.
6. Passierte Tomaten einrühren und alles ca. 5 Minuten köcheln lassen. Mit Salz und Pfeffer abschmecken.
7. Bulgur mit Hähnchen in Tomatensauce servieren.

HÄHNCHEN-PICCOLINOS

1 PORTION

PRO PORTION: 458 KCAL/37,6 G P/49,1 G KH/10,8 G F

ZUTATEN:

- 65 g Dinkelvollkornmehl + etwas für die Arbeitsfläche
- ¼ TL Backpulver
- Salz
- 60 g griechischer Joghurt (2 % Fett)
- 1 EL Ketchup ohne Zuckerzusatz oder Tomatenmark
- 25 g fettreduzierter Reibekäse
- 1 Prise getr. Kräuter (z. B. Oregano, Thymian)
- 50 g Hähnchenbrustfilet
- Pfeffer
- 1 TL Öl (z. B. Olivenöl)
- 2 rote Mini-Paprikaschoten
- 1 Kirschtomate
- 10 g geriebener Parmesan
- 1 Stängel frisches Basilikum

1. Backofen auf 200 °C Ober-/Unterhitze vorheizen.
2. Mehl in einer Schüssel mit Backpulver und Salz mischen. Den griechischen Joghurt dazugeben und alles mit dem Handrührgerät zu einem geschmeidigen Teig verkneten. Gegebenenfalls 1–2 EL Wasser hinzufügen.
3. Aus dem Teig auf einer bemehlten Arbeitsfläche 5 Kugeln formen und diese dann zu kleinen runden Pizzen flach drücken. Pizzen auf ein mit Backpapier belegtes Blech setzen. Mit einer Gabel mehrmals einstechen und mit Ketchup oder Tomatenmark bestreichen, den Rand dabei freihalten. Mit Käse und getrockneten Kräutern bestreuen. Böden ca. 5 Minuten auf mittlerer Schiene im Ofen vorbacken.
4. Währenddessen Hähnchenbrustfilet in mundgerechte Stücke schneiden, salzen und pfeffern.
5. Öl in einer Pfanne erhitzen und Hähnchenstücke darin scharf anbraten.
6. Gemüse putzen, waschen, Paprikaschoten in Streifen und Tomate in Scheiben schneiden. Zusammen mit dem Hähnchen kurz in der Pfanne andünsten.
7. Hähnchen und Gemüse gleichmäßig auf den Pizzaböden verteilen. Nochmals leicht würzen, mit Parmesan bestreuen und weitere 5–8 Minuten im Ofen backen, bis der Käse leicht gebräunt ist.
8. Basilikum waschen, trocken schütteln, die Blätter abzupfen und vor dem Servieren auf den Piccolinos verteilen.

TIPP: Den Belag können Sie nach Belieben verändern, zum Beispiel mit Schinken, Zwiebeln, Tomate oder Mozzarella.

HÄHNCHEN AUF BROKKOLICREME MIT PASTA

1 PORTION

PRO PORTION: 461 KCAL/51,1 G P/39,6 G KH/8,4 G F

ZUTATEN:

- 150 g Brokkoli
- 50 g Nudeln (z. B. Dinkelvollkorn-spiralen)
- 160 g Hähnchenbrust-filet
- Salz, Pfeffer
- ½ TL getr. Thymian
- 1 TL Öl (z. B. Olivenöl)
- 50 g braune Champignons
- 5 Kirschtomaten

1. Brokkoli putzen, waschen, in Röschen teilen und in einem Topf mit kochendem Salzwasser 10–12 Minuten weich kochen. Danach am besten in Eiswasser abschrecken und in einem Sieb abtropfen lassen.
2. Nudeln laut Packungsangabe in einem Topf bissfest garen, dann durch ein Sieb abseihen, dabei 250 ml Kochwasser auffangen.
3. Hähnchenbrust säubern und mit Salz, Pfeffer und Thymian würzen.
4. Öl in einer Pfanne erhitzen, die Hähnchenbrust darin von beiden Seiten scharf anbraten und dann bei mittlerer Hitze in 5–8 Minuten durchbraten. Aus der Pfanne nehmen.
5. Champignons waschen, in Scheiben schneiden und ohne Fett bei hoher Temperatur in der Pfanne anbraten.
6. Tomaten waschen, leicht einritzen und zu den Champignons geben. Sobald die Champignons auf die Hälfte geschrumpft sind und eine leicht bräunliche Farbe angenommen haben, die Nudeln mit ca. 150 ml Kochwasser hinzufügen und 3 Minuten köcheln lassen. Mit Salz und Pfeffer abschmecken.
7. 100 ml des Kochwassers mit dem gekochten Brokkoli in eine Schüssel geben und mit dem Stabmixer pürieren. Mit Salz und Pfeffer abschmecken.
8. Brokkolicreme auf einen Teller geben, Hähnchenbrustfilet in Scheiben schneiden und darauf anrichten. Nun die Pasta hinzufügen und genießen.

TIPPS: Sie können die Nudeln mit gehackten Kräutern bestreuen, zum Beispiel mit Basilikum.

Falls Sie auf den Kohlenhydratgehalt achten möchten, können Sie anstatt herkömmlicher Nudeln auch Gemüsenudeln verwenden, beispielsweise aus Zucchini.

ONE-POT-HÄHNCHEN-TOMATENREIS

2 PORTIONEN
PRO PORTION: 414 KCAL/36,6 G P/55 G KH/4,5 G F

ZUTATEN:
- 250 g Hähnchenbrustfilet
- Salz, Pfeffer
- edelsüßes Paprikapulver
- 1 rote Mini-Paprikaschote
- 1 Jalapeño (optional)
- 1 kleine Zwiebel
- 1 Knoblauchzehe
- 1 EL Öl (z. B. Olivenöl)
- 250 ml Gemüsebrühe
- 250 g gehackte Tomaten (aus der Dose)
- 1 EL Tomatenmark
- 100 g Reis (z. B. Basmati)

1. Hähnchenbrustfilet waschen, mit Küchenpapier trocken tupfen und in Würfel schneiden. Dann mit Salz, Pfeffer und Paprikapulver würzen.
2. Paprika und Jalapeño putzen, waschen und in kleine Stücke schneiden.
3. Zwiebel und Knoblauchzehe abziehen und fein würfeln.
4. Öl in einen Topf geben und Hähnchen, Zwiebeln, Paprika, Jalapeño und Knoblauchzehe darin 1–2 Minuten anbraten.
5. Gemüsebrühe, gehackte Tomaten, Tomatenmark hinzufügen und vermengen.
6. Dann Reis einrühren und je nach Reissorte ca. 20 Minuten bei mittlerer Hitze köcheln lassen. Dabei immer wieder umrühren und darauf achten, ob evtl. noch die Zugabe von Flüssigkeit (etwas Gemüsebrühe) nötig ist.

TIPP: Vor dem Verzehr mit frisch gehackter Petersilie bestreuen.

HÄHNCHEN-BROKKOLI-PFANNE

2 PORTIONEN
PRO PORTION: 401 KCAL/48,6 G P/10,9 G KH/17,2 G F

ZUTATEN:

- 300 g Hähnchenbrustfilet
- 200 ml Brühe (z. B. Geflügelbrühe)
- 2 EL Sojasauce
- 1 TL flüssiger Honig
- 2 EL Öl (z. B. Sesamöl)
- 1 Knoblauchzehe
- 1 kleine Zwiebel
- 300 g Brokkoli
- 1 kleine rote Paprikaschote

1. Hähnchenbrustfilet waschen und mit Küchenpapier trocken tupfen, dann in kleinere Stücke schneiden.
2. Brühe, Sojasauce, Honig und 1 EL Öl in eine Schüssel geben und verrühren. Knoblauch schälen, hinzupressen und alles gut vermengen.
3. Zwiebel abziehen und klein hacken.
4. 1 EL Öl in eine Pfanne geben, Hähnchenfleisch und Zwiebel darin gut anbraten.
5. Währenddessen Brokkoli putzen, waschen und in kleine Röschen schneiden.
6. Paprika putzen, waschen und in Streifen schneiden.
7. Brokkoli und Paprika in die Pfanne geben und ca. 5 Minuten bei mittlerer Hitze mitdünsten.
8. Mit der vorbereiteten Sauce ablöschen und alles bei mittlerer Hitze ca. 10 Minuten weiterköcheln lassen, bis das Gemüse bissfest gegart ist.

HÄHNCHENGESCHNETZELTES MIT BLUMENKOHLSTAMPF

2 PORTIONEN
PRO PORTION: 383 KCAL/41 G P/12,3 G KH/16,6 G F

ZUTATEN:

- 250 g Hähnchengeschnetzeltes
- Salz, Pfeffer
- edelsüßes Paprikapulver
- 150 g Champignons
- ½ Bund Frühlingszwiebeln
- 1 Knoblauchzehe
- 500 g TK-Blumenkohl
- 1 EL Butterschmalz oder Öl
- 200 g griechischer Joghurt (2 % Fett)
- 1 EL frisch gehackte Petersilie
- gem. Muskatnuss

1. Hähnchengeschnetzeltes waschen und in einem Sieb abtropfen lassen. Dann mit Salz, Pfeffer und Paprikapulver würzen.
2. Champignons säubern und in dünne Scheiben schneiden.
3. Frühlingszwiebeln putzen, waschen und in dünne Ringe schneiden. Etwa eine Handvoll vom Frühlingszwiebelgrün zur Seite legen.
4. Knoblauchzehe abziehen und klein hacken.
5. Einen Topf mit Dampfgareinsatz mit Wasser füllen und die Blumenkohlröschen in den Einsatz legen. Das Wasser zum Kochen bringen und den Blumenkohl in 12–15 Minuten weich garen.
6. Butterschmalz in einer Pfanne erhitzen und das Fleisch darin rundum scharf anbraten. Dann aus der Pfanne nehmen und in eine Schüssel umfüllen.
7. Frühlingszwiebeln und Knoblauch mit den Pilzen in die Pfanne geben und scharf anbraten.
8. Hitze reduzieren,alles mit dem Joghurt ablöschen und mit Salz, Pfeffer und Petersilie würzen.
9. Hähnchenfleisch hinzugeben und ca. 5 Minuten bei mittlerer Hitze köcheln lassen.
10. In der Zwischenzeit den gegarten Blumenkohl aus dem Topf heben und in einer Schüssel mit einem Kartoffelstampfer zerdrücken, dann mit Salz, Pfeffer und Muskatnuss abschmecken.
11. Zum Schluss die Hähnchenpfanne nochmals mit Salz und Pfeffer abschmecken, mit dem Blumenkohlstampf anrichten und mit den restlichen Frühlingszwiebelringen bestreuen.

TIPP: Wer lieber Püree statt Blumenkohlstampf möchte, kann den Blumenkohl mit einem Schluck Milch auch zu Blumenkohlpüree verarbeiten.

GEBACKENE AUBERGINE MIT HÄHNCHENFÜLLUNG

1 PORTION

PRO PORTION: 418 KCAL/53 G P/24,5 G KH/9,6 G F

ZUTATEN:

- 1 große Aubergine
- 150 g Hähnchenbrustfilet
- 1 Stängel Basilikum
- 400 g gehackte Tomaten (aus der Dose)
- 1 TL Tomatenmark
- Salz, Pfeffer
- edelsüßes Paprikapulver
- Fett für die Form
- 30 g Reibekäse

1. Backofen auf 180 °C Umluft vorheizen.
2. Aubergine putzen, waschen, halbieren und die Hälften etwas aushöhlen.
3. Hähnchenbrustfilet waschen und mit Küchenpapier trocken tupfen, dann in kleinere Stücke schneiden.
4. Basilikum waschen, trocken schütteln, die Blätter abzupfen und hacken.
5. Gehackte Tomaten in einer Schüssel mit Tomatenmark, Salz, Pfeffer, Paprikapulver und Basilikum vermischen.
6. Hähnchenbruststücke mit der Tomatensauce und dem ausgehöhlten Auberginen-Fruchtfleisch verrühren, dann Masse in die Auberginenhälften füllen. Diese in eine gefettete Auflaufform oder auf ein mit Backpapier belegtes Blech setzen und mit Reibekäse bestreuen.
7. Auberginen im Ofen 25–30 Minuten backen.

HÄHNCHEN HASSELBACK MIT RICOTTA-SPINAT-CREME

2 PORTIONEN

PRO PORTION: 307 KCAL/44,4 G P/5,2 G KH/24,2 G F

ZUTATEN:

80 g Blattspinat
2 Hähnchenbrustfilets (à ca. 150 g)
Salz, Pfeffer
150 g Ricotta
Fett für die Form
30 g geriebener Mozzarella

1. Backofen auf 180 °C Umluft vorheizen.
2. Spinat waschen, verlesen und abtropfen lassen.
3. Hähnchenbrustfilet waschen und mit Küchenpapier trocken tupfen, beidseitig mit Salz und Pfeffer würzen. Dann mit einem scharfen Messer 5– 6 Mal tief einschneiden, aber nicht durchschneiden.
4. Spinat hacken, in einer Schüssel mit Ricotta vermischen und mit Salz und Pfeffer würzen. Die Mischung dann vorsichtig mit einem Löffel in die Schlitze der Hähnchenbrustfilets einfüllen. Fleisch in eine gefettete Auflaufform oder auf ein mit Backpapier ausgelegtes Backblech legen.
5. Hähnchen mit Mozzarella bestreuen und 25–30 Minuten im Ofen backen.

Hauptgerichte mit Fisch und Meeresfrüchten

GARNELEN-GEMÜSE-CURRY

2 PORTIONEN

PRO PORTION: 457 KCAL/28,2 G P/18,2 G KH/28,4 G F

ZUTATEN:

- ½ Aubergine
- 250 g Zucchini
- 150 g Champignons
- 1 Karotte
- 1 Zwiebel
- 1 Knoblauchzehe
- 1 TL Öl (z. B. Kokosöl)
- 125 ml fettreduzierte Kokosmilch
- 1 EL Currypulver
- ½ EL edelsüßes Paprikapulver
- ½ TL Kümmel
- 250 g Garnelen (küchenfertig)
- 2 Paprikaschoten
- Salz, Pfeffer
- Chiliflocken (nach Belieben)

1. Aubergine und Zucchini putzen, waschen und würfeln.
2. Champignons säubern und in dünne Scheiben schneiden.
3. Karotte waschen, schälen und ebenfalls in Stücke schneiden.
4. Zwiebel und Knoblauchzehe abziehen und hacken.
5. Öl in einer Pfanne erhitzen und Zwiebel sowie Knoblauch darin goldbraun braten.
6. Champignons dazugeben und scharf anbraten.
7. Dann Aubergine, Karotte und Zucchini hinzufügen.
8. Mit Kokosmilch ablöschen und mit Currypulver, Paprikapulver und Kümmel würzen.
9. Die Garnelen dazugeben und alles bei mittlerer Hitze ca. 10 Minuten köcheln lassen, gegebenenfalls etwas Wasser angießen.
10. Währenddessen die Paprikaschoten putzen, waschen und in mundgerechte Stücke schneiden.
11. Die Paprikastücke zum Curry in den Topf geben, einrühren und noch ca. 5 Minuten bei niedriger Hitze mit erwärmen.
12. Das Curry mit Salz, Pfeffer und den restlichen Gewürzen abschmecken und nach Belieben mit Chiliflocken bestreuen.

TIPP: Falls Sie die Paprikastücke nicht roh zugeben möchten, einfach zusammen mit den Auberginen-, Karotten- und Zucchiniwürfeln (siehe Schritt 7) einrühren und mitkochen.

SPINAT-GARNELEN-CURRY MIT BLUMENKOHLREIS

2 PORTIONEN

PRO PORTION: 407 KCAL/41,3 G P/17,6 G KH/14,9 G F

- 500 g Blumenkohl
- 375 g Zucchini
- 1 kleine Zwiebel
- 1 Knoblauchzehe
- 1 TL Öl (z. B. Kokosöl)
- 200 ml fettreduzierte Kokosmilch
- 1 EL Currypulver
- 1 TL edelsüßes Paprikapulver
- ½ TL Kümmel
- 250 g Garnelen (küchenfertig)
- 90 g Bambussprossen
- 375 g Blattspinat
- Salz, Pfeffer

1. Blumenkohl putzen, waschen und reiben oder mit einem Hochleistungsmixer zu Reiskorngröße verarbeiten.
2. Zucchini putzen, waschen und in mundgerechte Würfel schneiden.
3. Zwiebel und Knoblauchzehe abziehen und hacken.
4. Öl in einer Pfanne erhitzen und Zwiebel sowie Knoblauch darin goldbraun anbraten.
5. Nun die Zucchiniwürfel dazugeben und mitbraten, dabei mehrmals wenden.
6. Mit Kokosmilch ablöschen und mit Currypulver, Paprikapulver und Kümmel würzen.
7. Garnelen und abgetropfte Bambussprossen hinzufügen und alles bei mittlerer Hitze ca. 10 Minuten köcheln lassen.
8. Unterdessen den Blattspinat waschen, verlesen und abtropfen lassen, dann hacken, in die Pfanne einrühren und ca. 5 Minuten mitgaren. Curry mit Salz und Pfeffer abschmecken.
9. Währenddessen den geraspelten Blumenkohl in einen Topf mit kochendem Salzwasser geben und in 5–7 Minuten bissfest garen.
10. Blumenkohlreis durch ein Sieb abseihen und mit dem Spinat-Garnelen-Curry servieren.

ZUCCHINI-LACHS-LASAGNE

2 PORTIONEN

PRO PORTION: 490 KCAL/42,3 G P/14,9 G KH/34,3 G F

ZUTATEN:

- 250 g TK-Spinat
- 400 g Zucchini
- Salz
- 1 kleine Zwiebel
- 1 Knoblauchzehe
- 1 TL Öl (z. B. Olivenöl)
- 100 g griechischer Joghurt (2 % Fett)
- Pfeffer
- gem. Muskatnuss
- 125 g Magerquark
- Fett für die Form
- 200 g Räucherlachs (in Scheiben)
- 100 g Schmand
- 30 g fettreduzierter Reibekäse

1. Spinat auftauen lassen und etwas ausdrücken.
2. Backofen auf 180 °C Umluft vorheizen.
3. Zucchini putzen, waschen und mit dem Hobel oder der Brotschneidemaschine der Länge nach in Scheiben schneiden, dann salzen.
4. Zwiebel und Knoblauchzehe abziehen und hacken.
5. Öl in einer Pfanne erhitzen und Zwiebel und Knoblauch darin anbraten.
6. Mit dem Joghurt ablöschen und mit Salz, Pfeffer und Muskatnuss würzen.
7. Spinat hinzufügen und unter Rühren zusammenfallen lassen. Zum Schluss den Quark unterheben und Masse mit Salz und Pfeffer abschmecken.
8. Den Boden der gefetteten Auflaufform (22 x 22 cm) mit Zucchini-Scheiben auslegen und einen Teil vom Lachs darauflegen.
9. Dann einen Teil der Sauce darauf verteilen und wieder Zucchini und Lachs darübergeben. Vorgang wiederholen, bis alle vorbereiteten Zutaten aufgebraucht sind.
10. Zum Schluss den Schmand dünn auf die Lasagne streichen und alles mit Reibekäse bestreuen.
11. Lasagne in den Ofen schieben und 35–40 Minuten backen.

SHRIMPS-OMELETTE

2 PORTIONEN

PRO PORTION: 251 KCAL/24,2 G P/5,1 G KH/14,2 G F

ZUTATEN:

- 250 g Zucchini
- 100 g Garnelen (küchenfertig)
- ½ Bund Petersilie
- 4 Eier
- 4 EL Milch
- Salz, Pfeffer
- gem. Muskatnuss
- 1 TL Öl (z. B. Olivenöl)

1. Zucchini putzen, waschen und reiben oder in kleine Würfel schneiden. Raspel oder Würfel am besten mithilfe eines Küchentuchs gut ausdrücken.
2. Garnelen in kleinere Stücke schneiden.
3. Petersilie waschen, trocken schütteln und hacken.
4. Eier, Milch, Salz, Pfeffer und Muskatnuss in einer Schüssel mit dem Schneebesen verquirlen.
5. Die restlichen vorbereiteten Zutaten hinzufügen und gut verrühren.
6. Öl in einer Pfanne erhitzen, Masse hineingießen und bei mittlerer Hitze stocken lassen. Mithilfe eines Tellers wenden und Omelette fertig backen.

TIPP: Falls Sie eine backofenfeste Pfanne besitzen, können Sie das Omelette auch erst auf dem Herd etwas anbraten und dann im Backofen bei 180 °C Umluft in 12–15 Minuten fertig backen.

THUNFISCH-FRIKADELLEN

2 PORTIONEN

PRO PORTION: 409 KCAL/60,1 G P/12,5 G KH/12,9 G F

ZUTATEN:

- 1 Frühlingszwiebel
- 300 g Thunfisch in eigenem Saft (aus der Dose)
- 2 EL Erbsen (aus der Dose)
- 2 EL Mais (aus der Dose)
- 1 Ei
- 2 EL Haferflocken, Paniermehl oder Mandelmehl
- 1 TL Tomatenmark
- Salz, Pfeffer
- 1 EL Öl (z. B. Olivenöl)
- 200 g Magerquark
- 1 Schuss Mineralwasser
- 1 EL Schmand oder saure Sahne

1. Frühlingszwiebel putzen, waschen und in feine Röllchen schneiden.
2. Thunfisch abtropfen lassen und die Flüssigkeit noch etwas ausdrücken. Erbsen und Mais abtropfen lassen.
3. Frühlingszwiebel, Thunfisch, Ei, Haferflocken, Tomatenmark, Erbsen, Mais, Salz und Pfeffer in eine Schüssel geben. Mit angefeuchteten Händen die Masse gut vermengen und dann Frikadellen daraus formen (4–6 Stück). Falls die Masse zu feucht ist, noch etwas Haferflocken zugeben.
4. Öl in einer Pfanne erhitzen. Die Frikadellen darin in 5–8 Minuten durchbraten, dabei einmal wenden.
5. Währenddessen Magerquark, Mineralwasser und Schmand in einer Schüssel cremig rühren und mit Salz und Pfeffer würzen.
6. Frikadellen mit der Sauce als Dip servieren.

TIPPS: In den Dip können Sie nach Belieben frisch gehackte Kräuter einrühren.

Wer noch Erbsen und Mais übrig hat, kann diese in einem Topf warm machen und zu den Frikadellen essen.

MIT LACHS GEFÜLLTE WAFFELN

4 STÜCK

PRO STÜCK: 296 KCAL/21,2 G P/33,1 G KH/8,4 G F

ZUTATEN:

- 150 ml Milch
- 100 g Magerquark
- 2 Eier
- 1 Prise Salz
- 160 g Mehl (z. B. Dinkelmehl)
- 1 TL Backpulver
- Öl für das Waffeleisen
- 80 g gemischter Salat (z. B. Lollo Bionda und Rucola)
- 1 Tomate
- 150 g Gurke
- 40 g fettreduzierter Frischkäse
- 150 g Räucherlachs (in Scheiben)

1. Milch, Magerquark, Eier und Salz in eine Schüssel geben und mit dem Schneebesen gut verquirlen.
2. Mehl mit Backpulver vermischen, in die Schüssel schütten und gut verrühren.
3. Waffeleisen einfetten und auf höchste Stufe einstellen. Jeweils 1–2 EL Teigmasse in das Waffeleisen geben und dann nach und nach 4 Waffeln ausbacken.
4. Salat waschen und trocken schütteln.
5. Tomate und Gurke putzen, waschen und in Streifen und Stücke schneiden.
6. Eine Waffel mit 10 g Frischkäse bestreichen, dann mit jeweils ¼ vom Salat, vom Lachs, von den Tomaten- und Gurkenstücken belegen und die andere Waffelhälfte darüberklappen. Mit den restlichen Waffeln genauso verfahren.

TIPP: Die Waffeln lassen sich auch gut für den nächsten Tag aufbewahren. Die Füllung dann aber erst am Verzehrtag hinzufügen.

GEBRATENER LACHS MIT AVOCADO-TOMATEN-SALSA

2 PORTIONEN
PRO PORTION: 357 KCAL/17,5 G P/9,9 G KH/28,2 G F

ZUTATEN:

- Saft von 2 Limetten
- 160 g Avocado
- 2 Tomaten
- 1 Stängel Petersilie
- 1 EL Öl (z. B. Olivenöl)
- Salz, Pfeffer
- 1 Prise Erythrit oder Süßungsmittel (nach Belieben)
- 1 Msp. getr. Basilikum
- 2 Lachsfilets (à ca. 150 g)

1. Limetten halbieren und auspressen.
2. Avocado halbieren, entkernen und das Fruchtfleisch mit einem Löffel herauslösen, danach in Würfel schneiden.
3. Tomaten waschen und in kleine Würfel schneiden.
4. Petersilie waschen, trocken schütteln und hacken.
5. Etwa 1 EL Limettensaft für das Lachsfilet beiseite stellen. Den restlichen Limettensaft mit ½ EL Öl, Avocado, Tomate und Petersilie in einer Schüssel vermischen. Mit Salz, Pfeffer, Erythrit und Basilikum abschmecken.
6. Lachsfilet waschen und mit Küchenpapier trocken tupfen.
7. Lachsfilet mit dem restlichen Limettensaft beträufeln.
8. Das restliche Öl in einer Pfanne erhitzen und den Lachs darin von beiden Seiten in 5–8 Minuten durchbraten. Mit der Avocado-Tomaten-Salsa servieren.

Smoothies und Shakes

BANANEN-APRIKOSEN-SMOOTHIE

1 PORTION

PRO PORTION: 242 KCAL/19,9 G P/32,2 G KH/1,8 G F

ZUTATEN:

1 Aprikose (ca. 65 g)
60 g Banane
60 g Mango
100 ml ungesüßter Mandeldrink
150 g Magerquark

1. Aprikose waschen und entkernen, Banane und Mango schälen.
2. Obst etwas zerkleinern, mit dem Mandeldrink und dem Quark in einen Mixer geben und pürieren.

MANDEL-SCHOKO-SHAKE

1 PORTION

PRO PORTION: 244 KCAL/ 31,2 G P/ 6,5 G KH/10,4 G F

ZUTATEN:

- 200 ml ungesüßter Mandeldrink
- 2 TL ungesüßtes Kakaopulver
- 1 EL braunes Mandelmus
- 3 EL Proteinpulver Schokolade

Alle Zutaten in einen Mixer geben, verquirlen und genießen.

TIPP: Möchten Sie kein Proteinpulver verwenden, können Sie etwas mehr Kakaopulver nehmen und 150 g Magerquark oder Skyr mit in den Mixer geben. Natürlich kann man den Shake auch mit veganem Proteinpulver zubereiten.

BUNTE PROTEIN-SHAKES

1 PORTION
PRO PORTION (GRUNDREZEPT): 170 KCAL/22 G P/12,8 G KH/2,4 G F
MIT HEIDELBEEREN: 204 KCAL/22,5 G P/18,7 G KH/2,9 G F
MIT ERDBEEREN: 196 KCAL/22,7 G P/17,1 G KH/0,3 G F
MIT BANANE: 281 KCAL/23,2 G P/36,8 G KH/2,6 G F

ZUTATEN:

Grundrezept:

200 g Skyr oder Magerquark
200 ml ungesüßter Mandeldrink oder Milch (1,5 % Fett)
Vanillepulver (nach Belieben)
½ TL Erythrit oder Süßungsmittel (nach Belieben)

Variationszutaten:

80 g Heidelbeeren
80 g Erdbeeren
1 Banane

1. Alle Zutaten des Grundrezepts in einen Mixer füllen.
2. Je nach Variante das Obst waschen bzw. schälen, ebenfalls in den Mixer geben und alles pürieren.

ESPRESSO-COCONUT-SHAKE

1 PORTION

PRO PORTION: 322 KCAL/28,7 G P/8,1 G KH/17 G F

ZUTATEN:

- 1 Tasse Espresso, abgekühlt
- 140 ml fettreduzierte Kokosmilch
- 2 EL Kakaopulver
- 3 EL Proteinpulver Schokolade
- 1 TL geraspelte Schokolade
- 1 TL Kokosraspel

1. Espresso, Kokosmilch, Kakaopulver und Proteinpulver in einem Krug mit dem Schneebesen gut verquirlen.
2. In ein Glas füllen und mit Schoko- und Kokosraspeln toppen.

TIPP: Wer kein Proteinpulver verwenden möchte, nimmt etwas mehr Kakaopulver und rührt noch 150 g Magerquark oder Skyr ein. Natürlich kann man den Shake auch mit veganem Proteinpulver zubereiten.

Wraps

FRISCHKÄSE-WRAP

2 STÜCK

PRO STÜCK: 276 KCAL/18,6 G P/23 G KH/11,4 G F

ZUTATEN:

- 6 bunte Kirschtomaten
- ½ kleine rote Zwiebel
- 2 Vollkorn-Wraps
- 150 g fettreduzierter körniger Frischkäse
- 50 g fettreduzierter Schafskäse
- Salz, Pfeffer
- 1 TL Öl (z. B. Olivenöl)
- 1 Stängel frisches Basilikum

1. Tomaten waschen und klein schneiden.
2. Zwiebel abziehen und klein würfeln.
3. Die Wraps jeweils mit Frischkäse bestreichen. Den Schafskäse abtropfen lassen und darüber bröckeln. Die Gemüsestücke darauf verteilen, salzen und pfeffern. Wraps vorsichtig einrollen und Enden fest verschließen.
4. Olivenöl in einer Pfanne erhitzen. Wraps darin von beiden Seiten bei mittlerer Temperatur anbraten.
5. Basilikum waschen und trocken schütteln. Die Blätter abzupfen, hacken und die Wraps damit bestreuen.

TIPP: Wenn es mal schnell gehen muss, die Wraps einfach füllen und ohne Anbraten genießen.

OMELETTE-WRAP

1 PORTION

PRO PORTION: 328 KCAL/17,4 G P/24,8 G KH/16,8 G F

ZUTATEN:

- 3 Kirschtomaten
- 2 Eier
- 2 Stängel frischer Koriander oder Petersilie
- Salz, Pfeffer
- 1 TL Öl (z. B. Olivenöl)
- 1 Vollkorn-Wrap

1. Kirschtomaten waschen und in Scheiben schneiden.
2. Die Eier in einer Schüssel mit dem Schneebesen verquirlen und die Tomaten unterheben.
3. Koriander waschen und trocken schütteln. ⅔ davon grob hacken und in die Ei-Tomaten Mischung rühren. Vom Rest die Blättchen abzupfen und beiseite legen. Eiermasse salzen, pfeffern und nochmal verquirlen.
4. Öl auf mittlerer Stufe in einer Pfanne erhitzen, Eiermasse in die Pfanne gießen und Omelette von beiden Seiten braten. Dann aus der Pfanne nehmen.
5. Eine Seite des Wraps mit Omelette belegen, die leere Seite darüberklappen und Wrap in derselben Pfanne von beiden Seiten anbraten.
6. Mit dem restlichen Koriander bestreuen.

TIPP: Für das Omelette sind viele Variationen möglich, zum Beispiel mit Paprika, Schinken, Champignons u. v. m.

THUNFISCH-AVOCADO-WRAP MIT TOMATEN-SALSA

2 STÜCK

PRO STÜCK: 395 KCAL/24,2 G P/26,1 G KH/19,8 G F

ZUTATEN:

- 250 g Kirschtomaten
- 1 kleine rote Zwiebel
- 1 Knoblauchzehe
- 1 Prise getr. Basilikum
- 2 EL Öl (z. B. Olivenöl)
- 2 EL Limettensaft
- Salz, Pfeffer
- 150 g Thunfisch in eigenem Saft (aus der Dose)
- 2 Vollkorn-Wraps
- 60 g Avocado
- 1 gelbe Mini-Paprikaschote
- 1 Stängel Petersilie

1. Erst die Tomatensalsa herstellen: Dazu die Kirschtomaten waschen und würfeln.
2. Zwiebel abziehen, in kleine Stücke schneiden. Etwa die Hälfte für die Wraps beiseite legen.
3. Tomaten- und Zwiebelstücke in eine Schüssel geben, Knoblauchzehe schälen und hinzupressen. Basilikum, Öl, Limettensaft, Salz und Pfeffer hinzufügen und alles gut vermischen. Möglichst mindestens 30 Minuten durchziehen lassen.
4. Thunfisch abtropfen lassen.
5. Wraps falls gewünscht in einer Pfanne ohne Öl von beiden Seiten kurz anrösten.
6. Die Avocado schälen, entkernen und würfeln.
7. Paprika putzen, waschen und in Streifen schneiden.
8. 3 EL Tomatensalsa mit Avocado, Paprika und den restlichen Zwiebeln in eine Schüssel geben.
9. Thunfisch etwas kleiner zupfen, dazugeben und alles gut vermengen.
10. Petersilie waschen, trocken schütteln und hacken.
11. Thunfisch-Gemisch auf die Wraps verteilen, mit gehackter Petersilie bestreuen und dazu die restliche Tomatensalsa genießen.

HÄHNCHEN-WRAP MIT BUNTEM SALAT

1 PORTION

PRO PORTION: 481 KCAL/40,2 G P/50,8 G KH/10,6 G F

ZUTATEN:

1 Schalotte
130 g Hähnchenbrust
Salz, Pfeffer
1 TL Öl (z. B. Olivenöl)
130 g Kirschtomaten
40 g Mais (aus der Dose)
2 Vollkorn-Wraps
50 g Salatgurke
1 EL Essig (z. B. Balsamico bianco)
1 Prise Erythrit oder Süßungsmittel (nach Belieben)

1. Schalotte abziehen und fein hacken.
2. Hähnchenbrustfilet säubern, in kleine Stücke schneiden und mit Salz und Pfeffer würzen.
3. Öl in einer Pfanne erhitzen, Hähnchenstücke und etwa die Hälfte der gehackten Schalotte darin anbraten.
4. Kirschtomaten waschen. Drei davon grob würfeln, zusammen mit dem abgetropften Mais zum Hähnchen in die Pfanne geben und noch kurz mitgaren. Mit Salz und Pfeffer abschmecken.
5. Wraps in einer Pfanne ohne Öl von beiden Seiten anrösten. Einen Wrap mit der Hähnchen-Gemüse-Mischung belegen, den zweiten Wrap obenauf legen und das Ganze vorsichtig vierteln.
6. Gurke waschen, mit den restlichen Tomaten klein würfeln und in eine Schüssel geben.
7. Die restlichen Schalottenwürfel hinzufügen. Mit Essig, Erythrit sowie Salz und Pfeffer abschmecken. Die Wraps mit dem Salat servieren.

Süßes

KOKOS-MUGCAKE

1 PORTION

PRO PORTION: 245 KCAL/12,8 G P/30,2 G KH/13,8 G F

ZUTATEN:

- 20 g Instant-Haferflocken oder Kokosmehl
- 1 EL Kokosraspel
- 1 EL Erythrit oder Süßungsmittel (nach Belieben)
- ½ TL Backpulver
- 1 Ei
- 50 g griechischer Joghurt (2 % Fett)

1. Die trockenen Zutaten in einer mikrowellenfesten Tasse vermischen.
2. Dann Ei und griechischen Joghurt hinzufügen und gut verrühren.
3. Die Tasse auf höchster Stufe 2–3 Minuten in die Mikrowelle stellen. Nach 2 Minuten mit Stäbchenprobe prüfen, ob der Mugcake schon fertig ist. Falls am Stäbchen noch Teig haftet, muss man den Kokos-Mugcake etwas länger backen.

TIPP: Den Kokos-Mugcake-Teig können Sie auch in einer backofenfesten Form oder Tasse anrühren und dann 8–10 Minuten bei 160 °C Umluft im Ofen backen.

KOKOS-MANDEL-BÄLLCHEN

12 STÜCK
PRO STÜCK: 64 KCAL/3,3 G P/2,4 G KH/4,8 G F

ZUTATEN:

- 200 g Magerquark
- 50 g Kokosmehl, Mandelmehl oder gem. Mandeln
- 60 g Kokosraspel
- 1 EL Kokosmus oder weißes Mandelmus
- 1 Prise Salz
- 1 EL Erythrit, alternativ 1 TL Ahornsirup oder Süßungsmittel (nach Belieben)
- 1 Prise Vanillepulver
- 12 blanchierte Mandeln

1. Magerquark, Kokosmehl, 40 g Kokosraspel, Kokosmus, Salz, Erythrit und Vanillepulver in einer Schüssel gut verrühren.
2. Mit angefeuchteten Händen etwas Teig nehmen, eine blanchierte Mandel hineindrücken und aus dem Ganzen eine Kugel formen. Die restlichen Kokosraspel auf einen Teller geben und die Kugel darin wälzen. Insgesamt aus dem Teig 12 Kokosbällchen formen und diese im Kühlschrank kalt stellen.

TIPP: Im Kühlschrank sollten die Bällchen mindestens 3 Stunden durchkühlen.

MANDEL-DATTEL-ENERGIEBÄLLCHEN

8 STÜCK
PRO STÜCK: 76 KCAL/2,5 G P/5,8 G KH/4,5 G F

ZUTATEN:

- 6 getr. Datteln (ohne Stein)
- 30 g gem. Mandeln
- 40 g feine Haferflocken
- 2 EL Mandelmus
- 1 EL gehackte Mandeln oder Nüsse

1. Die Datteln hacken und in einer Schüssel mit den restlichen Zutaten verkneten.
2. Mit angefeuchteten Händen acht Bällchen aus dem Teig formen und zum Durchkühlen in den Kühlschrank stellen.

TIPPS: Die Energiebällchen für mindestens 3 Stunden in den Kühlschrank stellen.

Wer möchte, kann die Kugeln nach dem Kühlen noch in Kokosraspeln, Kakaopulver, Haferflocken, Lein- oder Chiasamen wälzen.

MANDEL-BANANEN-MUFFINS

6 STÜCK
PRO STÜCK: 125 KCAL/9,9 G P/5,4 G KH/6,2 G F

ZUTATEN:
- 1 reife Banane (ca. 100 g)
- 80 g Mandelmehl oder Dinkelmehl
- 1 EL Erythrit oder Süßungsmittel (nach Belieben)
- 40 g braunes Mandelmus
- 1 TL Backpulver
- 2 Eiweiß
- 50 ml ungesüßter Mandeldrink oder Milch
- 1 Prise Salz
- 1 EL ganze Mandelkerne
- Fett für die Form

1. Backofen auf 170 °C Ober-/Unterhitze vorheizen.
2. Die Banane schälen, in eine Schüssel geben und mit einer Gabel zerdrücken.
3. Die restlichen Zutaten (außer den Mandelkernen) hinzufügen und mit dem Handrührgerät zu einem glatten Teig verrühren.
4. Den Teig auf sechs gefettete Muffinförmchen verteilen und im Ofen 15–20 Minuten backen. Eventuell mit Alufolie abdecken, damit die Muffins nicht zu dunkel werden.
5. Die Mandelkerne hacken.
6. Muffins aus dem Ofen nehmen, die gehackten Mandelkerne darüber streuen und leicht andrücken.

TIPP: Am besten verwenden Sie Silikon-Muffinförmchen, die Sie kurz kalt ausspülen, bevor der Teig hineinkommt. An Papier-Muffinförmchen bleibt der Teig meist zu sehr kleben.

AVOCADO-SCHOKOCREME

1 PORTION

PRO PORTION: 530 KCAL/8,4 G P/58,6 G KH/30,4 G F

ZUTATEN:

- 1 Avocado (ca. 150 g Fruchtfleisch)
- 1 reife Banane
- 1 ½ EL Ahornsirup
- Vanillepulver
- 1 ½ EL ungesüßter Mandeldrink oder Milch
- 1 EL ungesüßtes Kakaopulver
- 1 TL gehackte Mandeln

1. Avocado halbieren, entkernen, das Fruchtfleisch mit einem Löffel herauslösen und in ein hohes Rührgefäß geben.
2. Banane schälen, in kleine Stücke brechen und mit Ahornsirup, etwas Vanillepulver und 1 EL Mandeldrink zur Avocado geben. Nun mit dem Stabmixer zu einer cremigen Masse pürieren.
3. Etwas mehr als die Hälfte der Avocadocreme in ein Dessertglas füllen.
4. Zur Avocadocreme im Rührgefäß das Kakaopulver und den restlichen Mandeldrink geben und nochmals pürieren. Dann Masse als Schokoschicht auf die Avocadocreme in dem Dessertglas löffeln.
5. Creme mit gehackten Mandelkernen bestreuen.

TIPP: Die Avocado-Schokocreme wird noch proteinreicher, wenn Sie zum Kakaopulver Proteinpulver mit Schokoladengeschmack hinzufügen (vorher mit 1 EL Mandeldrink anrühren).

REZEPTÜBERSICHT MIT NÄHRWERTANGABEN

Rezepte	Rezept-seite	Protein in g	KH in g	Fett in g	Kalorien (kcal)	Port. / Stück
Frühstück und Süßspeisen						
Erdbeer-Aprikosen-Overnight-Oats	19	19	45,7	10,7	387	1 Port.
Heidelbeer-Pudding-Oats	20	31,5	82,5	11,3	561	1 Port.
Erdbeer-Overnight-Porridge	22	15,7	41,1	5,7	293	1 Port.
Beerige Hüttenkäse-Bowl	23	26,5	8,4	1,8	164	1 Port.
Schokopudding-Oats	25	34,4	70,8	17,5	590	1 Port.
Quinoa-Porridge	26	15,1	71,8	10,9	465	2 Port.
Heidelbeer-Quark-Auflauf	29	35,5	30,4	6,4	325	2 Port.
Quarkküchlein mit Joghurt und Heidelbeeren	30	27,6	42,1	9,9	376	2 Port.

Rezepte	Rezept-seite	Protein in g	KH in g	Fett in g	Kalorien (kcal)	Port. / Stück
Suppen und Salate						
Kichererbsensuppe mit gerösteten Speckstreifen	32	15,9	20,1	15,5	305	2 Port.
Blumenkohl-Bohnen-Suppe	33	11,4	17,2	14,7	264	2 Port.
Rote Linsensuppe	35	16,7	35,5	12,8	349	2 Port.
Bunter Thunfisch-Ei-Salat	36	56	13	29	579	1 Port.
Lachs auf buntem Frühlingssalat	39	29,3	12,8	33,6	477	1 Port.
Bulgursalat	40	26,4	52,3	11,8	436	1 Port.
Thunfisch-Avocado-Salat	43	40	4,8	20,9	396	1 Port.
Radieschen-Feta-Salat	44	28,7	7	20,6	332	1 Port.
Hähnchen mit Rucola-Mango-Salat	46	36,1	23,6	14,8	371	1 Port.

Rezepte	Rezept-seite	Protein in g	KH in g	Fett in g	Kalorien (kcal)	Port. / Stück
Vegetarische Hauptgerichte						
Gemüse-Feta-Eier-Muffins	48	8,7	5	6,8	122	6 Stück
Vegetarische Mini-P-Pizzen	51	26,6	48,4	7,7	386	1 Port.
Kräuteromelette mit Ricotta	52	17	4,5	26,2	326	2 Port.
Tofusticks in asiatischer Erdnuss-marinade mit Gemüse	53	23,1	15,6	22,3	358	2 Port.

Rezepte	Rezept-seite	Protein in g	KH in g	Fett in g	Kalorien (kcal)	Port. / Stück
Gebackene Eier in Avocadohälften	54	18,7	21,3	34,9	441	1 Port.
Curry-Bulgur mit Tsatsiki	55	27,1	54,1	5,3	386	1 Port.
Zucchini-Feta-Pfanne	56	31,7	6,9	26,1	398	1 Port.
Kichererbsen-Tomaten-Curry	59	22,1	51,8	11,4	441	1 Port.
Pancakes mit Gemüse	60	22,8	7,8	41,2	510	2 Port.
Hauptgerichte mit Fleisch						
Buntes Gulasch	63	30,6	50,6	23	566	2 Port.
Burger ohne Brötchen	64	31,7	5,6	12,4	278	2 Port.
Filetpfännchen	65	35,1	6,6	16	336	1 Port.
Hackfleisch-Pizza	66	48,2	14,8	41	630	2 Port.
Dunkles Chili mit Avocado	69	34,3	49,1	20,1	536	2 Port.
Rindfleisch-Fajitas-Pfanne	70	35,5	24,2	20,1	438	1 Port.
Ratatouille-Hackfleisch-Gratin	71	37	21,7	27,7	518	2 Port.
Flammkuchen	72	37,3	9,4	24,2	404	4 Port.
Kichererbsen-Hack-Pfanne	74	36,3	20,8	25,4	494	2 Port.
Hauptgerichte mit Hähnchen						
Hähnchen in Tomatensauce auf Bulgur	77	43,4	48,8	7,2	443	1 Port.
Hähnchen-Piccolinos	78	37,6	49,1	10,8	458	1 Port.
Hähnchen auf Brokkolicreme mit Pasta	81	51,1	39,6	8,4	461	1 Port.
One-Pot-Hähnchen-Tomatenreis	82	36,6	55	4,5	414	2 Port.
Hähnchen-Brokkoli-Pfanne	83	48,6	10,9	17,2	401	2 Port.
Hähnchengeschnetzeltes mit Blumenkohlstampf	84	41	12,3	16,6	383	2 Port.
Gebackene Aubergine mit Hähnchenfüllung	87	53	24,5	9,6	418	1 Port.
Hähnchen Hasselback mit Ricotta-Spinat-Creme	88	44,4	5,2	24,2	307	2 Port.

Rezepte	Rezept-seite	Protein in g	KH in g	Fett in g	Kalorien (kcal)	Port. / Stück
Hauptgerichte mit Fisch und Garnelen						
Garnelen-Gemüse-Curry	91	28,2	18,2	28,4	457	2 Port.
Spinat-Garnelen-Curry mit Blumenkohlreis	92	41,3	17,6	14,9	407	2 Port.
Zucchini-Lachs-Lasagne	95	42,3	14,9	34,3	490	2 Port.
Shrimps-Omelette	96	24,2	5,1	14,2	251	2 Port.
Thunfisch-Frikadellen	99	60,1	12,5	12,9	409	2 Port.
Mit Lachs gefüllte Waffeln	100	21,2	33,1	8,4	296	4 Stück
Gebratener Lachs mit Avocado-Tomaten-Salsa	102	17,5	9,9	28,2	357	2 Port.
Smoothies und Shakes						
Bananen-Aprikosen-Smoothie	105	19,9	32,2	1,8	242	1 Port.
Mandel-Schoko-Shake	106	31,2	6,5	10,4	244	1 Port.
Bunte Protein-Shakes (Grundrezept)	109	22	12,8	2,4	170	1 Port.
Protein-Shake mit Heidelbeeren	109	22,5	18,7	2,9	204	1 Port.
Protein-Shake mit Erdbeeren	109	22,7	17,1	0,3	196	1 Port.
Protein-Shake mit Banane	109	23,2	36,8	2,6	281	1 Port.
Espresso-Coconut-Shake	110	28,7	8,1	17	322	1 Port.
Wraps						
Frischkäse-Wrap	112	18,6	23	11,4	276	2 Port.
Omelette-Wrap	113	17,4	24,8	16,8	328	1 Port.
Thunfisch-Avocado-Wrap mit Tomaten-Salsa	114	24,2	26,1	19,8	395	2 Port.
Hähnchen-Wrap mit buntem Salat	116	40,2	50,8	10,6	481	1 Port.
Süßes						
Kokos-Mugcake	118	12,8	30,2	13,8	245	1 Port.
Kokos-Mandel-Bällchen	119	3,3	2,4	4,8	64	12 Stück
Mandel-Dattel-Energiebällchen	120	2,5	5,8	4,5	76	8 Stück
Mandel-Bananen-Muffins	121	9,9	5,4	6,2	125	6 Stück
Avocado-Schokocreme	122	8,4	58,6	30,4	530	1 Port.

WOCHENPLÄNE

Auf den nachfolgenden Seiten haben wir Ihnen Wochenpläne für eine eiweißreiche Ernährung mit den Rezepten aus diesem Buch zusammengestellt:

- Wochenplan 1–3 zum Abnehmen: S. 127–134
- Wochenplan 4–6 für Muskelaufbau und Sportler: S. 134–142

Wochenplan 1 (zum Abnehmen)

mit ca. 90 g P, bis 91,8 g KH, 1207–1522 kcal, für 1 Person

Je nach Kalorienbedarf können Sie den Plan mit Snacks und Mahlzeiten ergänzen.

		Rezept-seite	Protein in g	KH in g	Fett in g	Kalorien (kcal)	Port. / Stück am Verzehrtag	Port. Rezept gesamt
Montag								
Frühstück	Beerige Hüttenkäse-Bowl	23	26,5	8,4	1,8	164	1	1 von 1
Mittag	Buntes Gulasch	63	30,6	50,6	23	566	1	1 von 2
Abend	Lachs auf buntem Frühlingssalat	39	29,3	12,8	33,6	477	1	1 von 1
Snack								
Gesamt			**86,4**	**71,8**	**58,4**	**1207**		
Dienstag								
Frühstück	Kräuteromelette mit Ricotta	52	17	4,5	26,2	326	1	1 von 2
	Mandel-Bananen-Muffins	121	9,9	5,4	6,2	125	1	1 von 6
Mittag	Tofusticks in asiatischer Erdnussmarinade mit Gemüse	53	23,1	15,6	22,3	358	1	1 von 2
Abend	Buntes Gulasch	63	30,6	50,6	23	566	1	2 von 2
Snack	Mandel-Dattel-Energiebällchen	120	5	11,6	9	152	2	1 + 2 von 8
Gesamt			**85,6**	**87,7**	**86,7**	**1527**		

		Rezept-seite	Protein in g	KH in g	Fett in g	Kalorien (kcal)	Port. / Stück am Verzehrtag	Port. Rezept gesamt
Mittwoch								
Frühstück	Kräuteromelette mit Ricotta	52	17	4,5	26,2	326	1	2 von 2
Mittag	Rindfleisch-Fajitas-Pfanne	70	35,5	24,2	20,1	438	1	1 von 1
Abend	Tofusticks in asiatischer Erdnussmarinade mit Gemüse	53	23,1	15,6	22,3	358	1	2 von 2
Snack	Mandel-Bananen-Muffins	121	9,9	5,4	6,2	125	1	2 von 6
	Mandel-Dattel-Energiebällchen	120	5	11,6	9	152	2	3 + 4 von 8
Gesamt			**90,5**	**61,3**	**83,8**	**1399**		
Donnerstag								
Frühstück	Schokopudding-Oats	25	34,4	70,8	17,5	590	1	1 von 1
Mittag	Burger ohne Brötchen	64	31,7	5,6	12,4	278	1	1 von 2
Abend	Gemüse-Feta-Eier-Muffins	48	17,4	10	13,6	244	2	1 + 2 von 6
Snack	Mandel-Bananen-Muffins	121	9,9	5,4	6,2	125	1	3 von 6
Gesamt			**93,4**	**91,8**	**49,7**	**1237**		
Freitag								
Frühstück	Heidelbeer-Quark-Auflauf	29	35,5	30,4	6,4	325	1	1 von 2
Mittag	Rote Linsensuppe	35	16,7	35,5	12,8	349	1	1 von 2
Abend	Burger ohne Brötchen	64	31,7	5,6	12,4	278	1	2 von 2
Snack	Mandel-Bananen-Muffins	121	9,9	5,4	6,2	125	1	4 von 6
	Mandel-Dattel-Energiebällchen	120	5	11,6	9	152	2	5 + 6 von 8
Gesamt			**98,8**	**88,5**	**46,8**	**1229**		

		Rezeptseite	Protein in g	KH in g	Fett in g	Kalorien (kcal)	Port. / Stück am Verzehrtag	Port. Rezept gesamt
Samstag								
Frühstück	Heidelbeer-Quark-Auflauf	29	35,5	30,4	6,4	325	1	2 von 2
Mittag	Garnelen-Gemüse-Curry	91	28,2	18,2	28,4	457	1	1 von 2
Abend	Rote Linsensuppe	35	16,7	35,5	12,8	349	1	2 von 2
Snack	Mandel-Bananen-Muffins	121	9,9	5,4	6,2	125	1	5 von 6
Gesamt			**90,3**	**89,5**	**53,8**	**1256**		

Sonntag								
Frühstück	Bananen-Aprikosen Smoothie	105	19,9	32,2	1,8	242	1	1 von 1
	Mandel-Dattel-Energiebällchen	120	5	11,6	9	152	2	7 + 8 von 8
Mittag	Zucchini-Feta-Pfanne	56	31,7	6,9	26,1	398	1	1 von 1
Abend	Garnelen-Gemüse-Curry	91	28,2	18,2	28,4	457	1	2 von 2
Snack	Mandel-Bananen-Muffins	121	9,9	5,4	6,2	125	1	6 von 6
Gesamt			**94,7**	**74,3**	**71,5**	**1374**		

Wochenplan 2 (zum Abnehmen)

mit ca. 90 g P, bis 88,2 g KH, 1106–1301 kcal, für 1 Person

Je nach Kalorienbedarf können Sie den Plan mit Snacks und Mahlzeiten ergänzen.

		Rezeptseite	Protein in g	KH in g	Fett in g	Kalorien (kcal)	Port. / Stück am Verzehrtag	Port. Rezept gesamt
Montag								
Frühstück	Erdbeer-Aprikosen-Overnight-Oats	19	19	45,7	10,7	387	1	1 von 1
Mittag	Thunfisch-Frikadellen	99	60,1	12,5	12,9	409	1	1 von 2
Abend	Gebackene Eier in Avocadohälften	54	18,7	21,3	34,9	441	1	1 von 1
Snack								
Gesamt			**97,8**	**79,5**	**58,5**	**1237**		
Dienstag								
Frühstück	Erdbeer-Overnight-Porridge	22	15,7	41,1	5,7	293	1	1 von 1
Mittag	Pancakes mit Gemüse	60	22,8	7,8	41,2	510	1	1 von 2
Abend	Thunfisch-Frikadellen	99	60,1	12,5	12,9	409	1	2 von 2
Snack								
Gesamt			**98,6**	**61,4**	**59,8**	**1212**		
Mittwoch								
Frühstück	Omelette-Wrap	113	17,4	24,8	16,8	328	1	1 von 1
Mittag	Hähnchen auf Brokkolicreme mit Pasta	81	51,1	39,6	8,4	461	1	1 von 1
Abend	Pancakes mit Gemüse	60	22,8	7,8	41,2	510	1	2 von 2
Snack								
Gesamt			**91,3**	**72,2**	**66,4**	**1299**		

		Rezeptseite	Protein in g	KH in g	Fett in g	Kalorien (kcal)	Port. / Stück am Verzehrtag	Port. Rezept gesamt
Donnerstag								
Frühstück	Kokos-Mugcake	118	12,8	30,2	13,8	245	1	1 von 1
Mittag	Zucchini-Lachs-Lasagne	95	42,3	14,9	34,3	490	1	1 von 2
Abend	Hähnchen mit Rucola-Mango-Salat	46	36,1	23,6	14,8	371	1	1 von 1
Snack								
Gesamt			**91,2**	**68,7**	**62,9**	**1106**		
Freitag								
Frühstück	Mandel-Schoko-Shake	106	31,2	6,5	10,4	244	1	1 von 1
Mittag	Kichererbsen-Tomaten-Curry	59	22,1	51,8	11,4	441	1	1 von 1
Abend	Zucchini-Lachs-Lasagne	95	42,3	14,9	34,3	490	1	2 von 2
Snack								
Gesamt			**95,6**	**73,2**	**56,1**	**1175**		
Samstag								
Frühstück	Frischkäse-Wrap	112	18,6	23	11,4	276	1	1 von 2
Mittag	Dunkles Chili mit Avocado	69	34,3	49,1	20,1	536	1	1 von 2
Abend	Spinat-Garnelen-Curry mit Blumenkohlreis	92	41,3	17,6	14,9	407	1	1 von 2
Snack								
Gesamt			**94,2**	**89,7**	**46,4**	**1219**		
Sonntag								
Frühstück	Frischkäse-Wrap	112	18,6	23	11,4	276	1	2 von 2
Mittag	Dunkles Chili mit Avocado	69	34,3	49,1	20,1	536	1	2 von 2
Abend	Spinat-Garnelen-Curry mit Blumenkohlreis	92	41,3	17,6	14,9	407	2	2 von 2
Snack								
Gesamt			**94,2**	**89,7**	**46,4**	**1219**		

Wochenplan 3 (zum Abnehmen)

mit ca. 90 g P, bis 114 g KH, 1124–1421 kcal, für 1 Person

Je nach Kalorienbedarf können Sie den Plan mit Snacks und Mahlzeiten ergänzen.

		Rezept-seite	Protein in g	KH in g	Fett in g	Kalorien (kcal)	Port. / Stück am Verzehrtag	Port. Rezept gesamt
Montag								
Frühstück	Quarkküchlein mit Joghurt und Heidelbeeren	30	27,6	42,1	9,9	376	1	1 von 2
Mittag	Vegetarische Mini-Pizzen	51	26,6	48,4	7,7	386	1	1 von 1
Abend	Hähnchen mit Rucola-Mango-Salat	46	36,1	23,6	14,8	371	1	1 von 1
Snack								
Gesamt			**90,3**	**114,1**	**32,4**	**1133**		
Dienstag								
Frühstück	Quarkküchlein mit Joghurt und Heidelbeeren	30	27,6	42,1	9,9	376	1	2 von 2
Mittag	Bulgursalat	40	26,4	52,3	11,8	436	1	1 von 1
Abend	Thunfisch-Avocado-Salat	43	40	4,8	20,9	396	1	1 von 1
Snack								
Gesamt			**94**	**99,2**	**42,6**	**1208**		
Mittwoch								
Frühstück	Protein-Shake mit Banane	109	23,2	36,8	2,6	281	1	1 von 1
Mittag	Blumenkohl-Bohnen-Suppe	33	11,4	17,2	14,7	264	1	1 von 2
Abend	Bunter Thunfisch-Ei-Salat	36	56	13	29	579	1	1 von 1
Snack								
Gesamt			**90,6**	**67**	**46,3**	**1124**		

		Rezeptseite	Protein in g	KH in g	Fett in g	Kalorien (kcal)	Port. / Stück am Verzehrtag	Port. Rezept gesamt
Donnerstag								
Frühstück	Mandel-Schoko-Shake	106	31,2	6,5	10,4	244	1	1 von 1
Mittag	Hähnchengeschnetzeltes mit Blumenkohlstampf	84	41	12,3	16,6	383	1	1 von 2
Abend	Blumenkohl-Bohnen-Suppe	33	11,4	17,2	14,7	264	1	2 von 2
Snack	Avocado-Schokocreme	122	8,4	58,6	30,4	530	1	1 von 1
Gesamt			**92**	**94,6**	**72,1**	**1421**		
Freitag								
Frühstück	Erdbeer-Aprikosen-Overnight-Oats	19	19	45,7	10,7	387	1	1 von 1
Mittag	Hähnchengeschnetzeltes mit Blumenkohlstampf	84	41	12,3	16,6	383	1	2 von 2
Abend	Kichererbsensuppe mit gerösteten Speckstreifen	32	15,9	20,1	15,5	305	1	1 von 2
Snack	Kokos-Mugcake	118	12,8	30,2	13,8	245	1	1 von 1
Gesamt			**88,7**	**108,3**	**56,6**	**1320**		
Samstag								
Frühstück	Schokopudding-Oats	25	34,4	70,8	17,5	590	1	1 von 1
Mittag	Kichererbsensuppe mit gerösteten Speckstreifen	32	15,9	20,1	15,5	305	1	2 von 2
Abend	Hähnchen Hasselback mit Ricotta-Spinat-Creme	88	44,4	5,2	24,2	307	1	1 von 2
Snack								
Gesamt			**94,7**	**96,1**	**57,2**	**1202**		

		Rezept-seite	Protein in g	KH in g	Fett in g	Kalorien (kcal)	Port. / Stück am Verzehrtag	Port. Rezept gesamt
Sonntag								
Frühstück	Quinoa-Porridge	26	15,1	71,8	10,9	465	1	1 von 2*
Mittag	Zucchini-Feta-Pfanne	56	31,7	6,9	26,1	398	1	1 von 1
Abend	Hähnchen Hasselback mit Ricotta-Spinat-Creme	88	44,4	5,2	24,2	307	1	2 von 2
Snack								
Gesamt			**91,2**	**83,9**	**61,2**	**1170**		

* Hier bleibt die 2. Portion übrig. Diese kann z. B. bei der eigenen Wochenplan-Zusammenstellung ab Woche 4 direkt als Frühstück übernommen werden.

Wochenplan 4 (für Muskelaufbau und Sportler)

mit ca. 116–130 g P, bis 128,2 g KH, 1381–1747 kcal, für 1 Person

Je nach Kalorienbedarf können Sie den Plan mit Snacks und Mahlzeiten ergänzen.

		Rezept-seite	Protein in g	KH in g	Fett in g	Kalorien (kcal)	Port. / Stück am Verzehrtag	Port. Rezept gesamt
Montag								
Frühstück	Quinoa-Porridge	26	15,1	71,8	10,9	465	1	1 von 2
Mittag	Thunfisch-Frikadellen	99	60,1	12,5	12,9	409	1	1 von 2
Abend	Lachs auf buntem Frühlingssalat	39	29,3	12,8	33,6	477	1	1 von 1
Snack	Omelette-Wrap	113	17,4	24,8	16,8	328	1	1 von 1
Gesamt			**121,9**	**121,9**	**74,2**	**1679**		

		Rezept-seite	Protein in g	KH in g	Fett in g	Kalorien (kcal)	Port. / Stück am Verzehrtag	Port. Rezept gesamt
Dienstag								
Frühstück	Quinoa-Porridge	26	15,1	71,8	10,9	465	1	2 von 2
Mittag	Flammkuchen	72	37,3	9,4	24,2	404	1	1 von 4
Abend	Thunfisch-Frikadellen	99	60,1	12,5	12,9	409	1	2 von 2
Snack	Gemüse-Feta-Eier-Muffins	48	17,4	10	13,8	244	2	1 + 2 von 6
Gesamt			**129,9**	**103,7**	**61,8**	**1522**		
Mittwoch								
Frühstück	Gemüse-Feta-Eier-Muffins	48	17,4	10	13,8	244	2	3 + 4 von 6
Mittag	Flammkuchen	72	37,3	9,4	24,2	404	1	2 von 4
Abend	Hackfleisch-Pizza	66	48,2	14,8	41	630	1	1 von 2
Snack	Protein-Shake mit Banane	109	23,2	36,8	2,6	281	1	1 von 1
Gesamt			**126,1**	**71**	**81,6**	**1559**		
Donnerstag								
Frühstück	Erdbeer-Overnight-Porridge	22	15,7	41,1	5,7	293	1	1 von 1
Mittag	Hack-fleisch-Pizza	66	48,2	14,8	41	630	1	2 von 2
Abend	Flammkuchen	72	37,3	9,4	24,2	404	1	3 von 4
Snack	Gemüse-Feta-Eier-Muffins	48	17,4	10	13,8	244	2	5 + 6 von 6
	Mandel-Dattel-Energiebällchen	120	5	11,6	9	152	2	1+ 2 von 8
Gesamt			**123,6**	**86,9**	**93,7**	**1723**		

		Rezept-seite	Protein in g	KH in g	Fett in g	Kalorien (kcal)	Port. / Stück am Verzehrtag	Port. Rezept gesamt
Freitag								
Frühstück	Heidelbeer-Pudding-Oats	20	31,5	82,5	11,3	561	1	1 von 1
Mittag	Zucchini-Lachs-Lasagne	95	42,3	14,9	34,3	490	1	1 von 2
Abend	Flammkuchen	72	37,3	9,4	24,2	404	1	4 von 4
Snack	Mandel-Dattel-Energiebällchen	120	5	11,6	9	152	2	3 + 4 von 8
Gesamt			**116,1**	**118,4**	**78,8**	**1747**	**1607**	

Samstag								
Frühstück	Heidelbeer-Quark-Auflauf	29	35,5	30,4	6,4	325	1	1 von 2
Mittag	Zucchini-Lachs-Lasagne	95	42,3	14,9	34,3	490	1	2 von 2
Abend	One-Pot-Hähnchen-Tomatenreis	82	36,6	55	4,5	414	1	1 von 2
Snack	Mandel-Dattel-Energiebällchen	120	5	11,6	9	152	2	5 + 6 von 8
Gesamt			**119,4**	**111,9**	**54,2**	**1381**		

Sonntag								
Frühstück	Heidelbeer-Quark-Auflauf	29	35,5	30,4	6,4	325	1	2 von 2
Mittag	One-Pot-Hähnchen-Tomatenreis	82	36,6	55	4,5	414	1	2 von 2
Abend	Tofusticks in asiatischer Erdnussmarinade mit Gemüse	53	46,2	31,2	44,6	716	2	1 + 2 von 2
Snack	Mandel-Dattel-Energiebällchen	120	5	11,6	9	152	2	7 + 8 von 8
Gesamt			**123,3**	**128,2**	**42,5**	**1610**		

Wochenplan 5 (für Muskelaufbau und Sportler)

mit ca. 120–130 g P, bis 128,2 g KH, 1346–1713 kcal, für 1 Person

Je nach Kalorienbedarf können Sie den Plan mit Snacks und Mahlzeiten ergänzen.

		Rezept-seite	Protein in g	KH in g	Fett in g	Kalorien (kcal)	Port. / Stück am Verzehrtag	Port. Rezept gesamt
Montag								
Frühstück	Erdbeer-Over-night-Porridge	22	15,7	41,1	5,7	293	1	1 von 1
Mittag	Hähnchen auf Brokkolicreme mit Pasta	81	51,1	39,6	8,4	461	1	1 von 1
Abend	Thunfisch-Avo-cado-Salat	43	40	4,8	20,9	396	1	1 von 1
Snack	Protein-Shake mit Erdbeeren	109	22,7	17,1	0,3	196	1	1 von 1
Gesamt			**129,5**	**102,6**	**35,3**	**1346**		

Dienstag								
Frühstück	Bananen-Apri-kosen-Smoothie		19,9	32,2	1,8	242	1	1 von 1
Mittag	Rote Linsen-suppe		16,7	35,5	12,8	349	1	1 von 2
	Zucchini-Feta-Pfanne		31,7	6,9	26,1	398	1	1 von 1
Abend	Hähnchen-Wrap mit buntem Salat		40,2	50,8	10,6	481	1	1 von 1
Snack	Kokos-Mugcake		12,8	30,2	13,8	245	1	1 von 1
Gesamt			**121,3**	**155,6**	**65,1**	**1715**		1 von 1

		Rezept-seite	Protein in g	KH in g	Fett in g	Kalorien (kcal)	Port. / Stück am Verzehrtag	Port. Rezept gesamt
Mittwoch								
Frühstück	Schokopudding-Oats	25	34,4	70,8	17,5	590	1	1 von 1
Mittag	Hähnchen-Brokkoli-Pfanne	83	48,6	10,9	17,2	401	1	1 von 2
Abend	Rote Linsen-suppe	35	16,7	35,5	12,8	349	1	2 von 2
Snack	Protein-Shake mit Erdbeeren	109	22,7	17,1	0,3	196	1	1 von 1
Gesamt			**122,4**	**134,3**	**47,8**	**1536**		
Donners-tag								
Frühstück	Kräuterome-lette mit Ricotta	52	17	4,5	26,2	326	1	1 von 2
Mittag	Hähnchen-Brokkoli-Pfanne	83	48,6	10,9	17,2	401	1	2 von 2
Abend	Mit Lachs ge-füllte Waffeln	100	42,4	66,2	16,8	592	2	1 + 2 von 4
Snack	Kokos-Mugcake	118	15	29,7	12,9	243	1	1 von 1
Gesamt			**123**	**111,3**	**73,1**	**1562**		
Freitag								
Frühstück	Kräuterome-lette mit Ricotta	52	17	4,5	26,2	326	1	2 von 2
Mittag	Mit Lachs ge-füllte Waffeln	100	42,4	66,2	16,8	592	2	3 + 4 von 4
Abend	Zucchini-Lachs-Lasagne	95	42,3	14,9	34,3	490	1	1 von 2
Snack	Bananen-Apri-kosen-Smoothie	105	19,9	32,2	1,8	242	1	1 von 1
Gesamt			**121,6**	**117,8**	**79,1**	**1650**		

		Rezept-seite	Protein in g	KH in g	Fett in g	Kalorien (kcal)	Port. / Stück am Verzehrtag	Port. Rezept gesamt
Samstag								
Frühstück	Quarkküchlein mit Joghurt und Heidelbeeren	30	27,6	42,1	9,9	376	1	1 von 2
Mittag	Bunter Thun-fisch-Ei-Salat	36	56	13	29	579	1	1 von 1
Abend	Zucchini-Lachs-Lasagne	95	42,3	14,9	34,3	490	1	2 von 2
Snack								
Gesamt			**125,9**	**70**	**73,2**	**1445**		

Sonntag								
Frühstück	Quarkküchlein mit Joghurt und Heidelbeeren	30	27,6	42,1	9,9	376	1	2 von 2
Mittag	Hähnchen in Tomatensauce auf Bulgur	77	43,4	48,8	7,2	443	1	1 von 1
Abend	Vegetarische Mini-Pizzen	51	26,6	48,4	7,7	386	1	1 von 1
Snack	Protein-Shake mit Heidelbee-ren	109	22,5	18,7	2,9	204	1	1 von 1
Gesamt			**120,1**	**158**	**27,7**	**1409**		

Wochenplan 6 (für Muskelaufbau und Sportler)

mit ca. 120–130 g P, bis 177,2 g KH, 1376–1970 kcal, für 1 Person

Je nach Kalorienbedarf können Sie den Plan mit Snacks und Mahlzeiten ergänzen.

		Rezept-seite	Protein in g	KH in g	Fett in g	Kalorien (kcal)	Port. / Stück am Verzehrtag	Port. Rezept gesamt
Montag								
Frühstück	Espresso-Coconut-Shake	110	28,7	8,1	17	322	1	1 von 1
Mittag	Spinat-Garne-len-Curry mit Blumenkohlreis	92	41,3	17,6	14,9	407	1	1 von 2
Abend	Hähnchen mit Rucola-Mango-Salat	46	36,1	23,6	14,8	371	1	1 von 1
Snack	Frischkäse-Wrap	112	18,6	23	11,4	276	1	1 von 2
Gesamt			**124,7**	**72,3**	**58,1**	**1376**		

Dienstag								
Frühstück	Heidelbeer-Pudding-Oats	20	31,5	82,5	11,3	561	1	1 von 1
Mittag	Spinat-Garne-len-Curry mit Blumenkohlreis	92	41,3	17,6	14,9	407	1	2 von 2
Abend	Frischkäsewrap	112	18,6	23	11,4	276	1	2 von 2
Snack	Mandel-Scho-ko-Shake	106	31,2	6,5	10,4	244	1	1 von 1
Gesamt			**122,6**	**129,6**	**48**	**1488**		

		Rezept-seite	Protein in g	KH in g	Fett in g	Kalorien (kcal)	Port. / Stück am Verzehrtag	Port. Rezept gesamt
Mittwoch								
Frühstück	Omelette-Wrap	113	17,4	24,8	16,8	328	1	1 von 1
Mittag	Curry-Bulgur mit Tsatsiki	55	27,1	54,1	5,3	386	1	1 von 1
Abend	Kichererbsen-suppe mit gerösteten Speckstreifen	32	15,9	20,1	15,5	305	1	1 von 2
	Burger ohne Brötchen	64	31,7	5,6	12,4	278	1	1 von 2
Snack	Espresso-Coconut-Shake	110	28,7	8,1	17	322	1	1 von 1
Gesamt			**120,8**	**112,7**	**67**	**1619**		

Donnerstag								
Frühstück	Quarkküchlein mit Joghurt und Heidelbeeren	30	27,6	42,1	9,9	376	1	1 von 2
Mittag	Kichererbsen-suppe mit gerösteten Speckstreifen	32	15,9	20,1	15,5	305	1	2 von 2
	Burger ohne Brötchen	64	31,7	5,6	12,4	278	1	2 von 2
Abend	Hähnchen-Wrap mit buntem Salat	116	40,2	50,8	10,6	481	1	1 von 1
Snack	Avocado-Scho-kocreme	122	8,4	58,6	30,4	530	1	1 von 1
Gesamt			**123,8**	**177,2**	**78,8**	**1970**		

		Rezept-seite	Protein in g	KH in g	Fett in g	Kalorien (kcal)	Port. / Stück am Verzehrtag	Port. Rezept gesamt
Freitag								
Frühstück	Quarkküchlein mit Joghurt und Heidelbeeren	30	27,6	42,1	9,9	376	1	2 von 2
Mittag	Shrimps-Omelette	96	24,2	5,1	14,2	251	1	1 von 2
Abend	Hackfleisch-Pizza	66	48,2	14,8	41	630	1	1 von 2
Snack	Protein-Shake mit Banane	109	23,2	36,8	2,6	281	1	1 von 1
Gesamt			**123,2**	**98,8**	**67,7**	**1538**		

		Rezept-seite	Protein in g	KH in g	Fett in g	Kalorien (kcal)	Port. / Stück am Verzehrtag	Port. Rezept gesamt
Samstag								
Frühstück	Heidelbeer-Pudding-Oats	20	31,5	82,5	11,3	561	1	1 von 1
Mittag	Hackfleisch-Pizza	66	48,2	14,8	41	630	1	2 von 2
Abend	Shrimps-Omelette	96	24,2	5,1	14,2	251	1	2 von 2
Snack	Bananen-Aprikosen-Smoothie	105	19,9	32,2	1,8	242	1	1 von 1
Gesamt			**123,8**	**134,6**	**68,3**	**1684**		

		Rezept-seite	Protein in g	KH in g	Fett in g	Kalorien (kcal)	Port. / Stück am Verzehrtag	Port. Rezept gesamt
Sonntag								
Frühstück	Beerige Hüttenkäse-Bowl	23	26,5	8,4	1,8	164	1	1 von 1
Mittag	Gebackene Aubergine mit Hähnchen-Füllung	87	53	24,5	9,6	418	1	1 von 1
Abend	Radieschen-Feta-Salat	44	28,7	7	20,6	332	1	1 von 1
	Avocado-Schokocreme	122	8,4	58,6	30,4	530	1	1 von 1
Snack	Kokos-Mugcake	118	12,8	30,2	13,8	245	1	1 von 1
Gesamt			**129,4**	**128,7**	**76,2**	**1689**		

BILD- UND REZEPTNACHWEIS

S. 19: Erdbeer-Aprikosen-Overnight-Oats (Rezept): Vanessa Faschingbauer, @vanessas.gymfood
S. 20–21: Heidelbeer-Pudding-Oats (Rezept): Vanessa Faschingbauer, @vanessas.gymfood
S. 22: Erdbeer-Overnight-Porridge (Rezept): Vanessa Faschingbauer, @vanessas.gymfood
S. 25: Schokopudding-Oats (Rezept): Vanessa Faschingbauer, @vanessas.gymfood
S. 36: Bunter Thunfisch-Ei-Salat (Rezept): Vanessa Faschingbauer, @vanessas.gymfood
S. 39: Lachs auf buntem Frühlingssalat (Rezept): Vanessa Faschingbauer, @vanessas.gymfood
S. 40: Bulgursalat (Rezept): Vanessa Faschingbauer, @vanessas.gymfood
S. 44: Radieschen-Feta-Salat (Rezept): Vanessa Faschingbauer, @vanessas.gymfood
S. 46: Hähnchen mit Rucola-Mango-Salat (Rezept): Vanessa Faschingbauer, @vanessas.gymfood
S. 47: Mitte oben + S. 48–49: Gemüse-Feta-Eier-Muffins (Rezept + Foto): Diana Ruchser, schwarzgrueneszebra.de
S. 51: Vegetarische Mini-Pizzen (Rezept): Vanessa Faschingbauer, @vanessas.gymfood
S. 52: Kräuteromelette mit Ricotta (Rezept + Foto): Miriam Matin
S. 53: Tofusticks in asiatischer Erdnussmarinade mit Gemüse (Rezept + Foto): Miriam Matin
S. 55: Curry-Bulgur mit Tsatsiki (Rezept): Vanessa Faschingbauer, @vanessas.gymfood
S. 56: Zucchini-Feta-Pfanne (Rezept): Vanessa Faschingbauer, @vanessas.gymfood
S. 47: rechts oben + S. 60: Pancakes mit Gemüse (Rezept + Foto): Miriam Matin
S. 72–73. Flammkuchen (Rezept + Foto): Diana Ruchser, schwarzgrueneszebra.de
S. 77: Hähnchen in Tomatensauce auf Bulgur (Rezept): Vanessa Faschingbauer, @vanessas.gymfood
S. 78: Hähnchen-Piccolinos (Rezept): Vanessa Faschingbauer, @vanessas.gymfood
S. 81: Hähnchen auf Brokkolicreme mit Pasta (Rezept): Vanessa Faschingbauer, @vanessas.gymfood
S. 75: Mitte unten + S. 84–85: Hähnchengeschnetzeltes mit Blumenkohlstampf (Rezept + Foto): Diana Ruchser, schwarzgrueneszebra.de
S. 90–91: Garnelen-Gemüse-Curry (Rezept + Foto): Diana Ruchser, schwarzgrueneszebra.de
S. 89: Mitte unten + 92–93: Spinat-Garnelen-Curry mit Blumenkohlreis (Rezept + Foto): Diana Ruchser, schwarzgrueneszebra.de
S. 89: links unten + 94–95: Zucchini-Lachs-Lasagne (Rezept + Foto): Diana Ruchser, schwarzgrueneszebra.de
S. 112: Frischkäse-Wrap (Rezept): Vanessa Faschingbauer, @vanessas.gymfood
S. 113: Omelette-Wrap (Rezept): Vanessa Faschingbauer, @vanessas.gymfood
S. 116: Hähnchen-Wrap mit buntem Salat (Rezept): Vanessa Faschingbauer, @vanessas.gymfood

Shutterstock.com: S. 7: 4 PM production, S. 8: SUPREEYA-ANON, S. 9: Stock-Asso, S. 10: 4 PM production, S. 11: Syda Productions, S. 12: Pressmaster, S. 13 oben links: bitt24, S. 13 unten rechts: Oleksandra Naumenko, S. 15: Antonina Vlasova, S. 17 Spalte links: Kiian Oksana/ Brent Hofacker, S. 17 Spalte Mitte: Yulia Davidovich/ Vladislav Noseek, S. 17 Spalte rechts: epixproductions/Sea Wave, S. 18: Kiian Oksana, S. 22: Vladislav Noseek, S. 23: Yulia Davidovich, S. 24: epixproductions, S. 27: Brent Hofacker, S. 28: Sea Wave, S. 30: Aleksandra Tregubovich, S. 31 links oben + S. 34: nelea33, S. 31 links unten + S. 33: Oksana Mizina, S. 31 Mitte oben + S. 45: Yulia Davidovich, S. 31 Mitte unten + S. 38: Sea Wave, S. 31 rechts oben und unten + S. 37 + S. 42: Liliya Kandrashevich, S. 32: Luca Santilli, S. 41: Sunvic, S. 46: Sentelia, S. 47 links oben + S. 57: Liliya Kandrashevich, S. 47 links unten + S. 54: Timolina, S. 47 Mitte unten + S. 58: nesavinov, S. 47 rechts unten + S. 50: Nataliia Leontieva, S. 55: VICUSCHKA, S. 61 links oben + S. 62: Lyudmila Mikhailovskaya, S. 61 links unten + S. 70: Natalia Lisovskaya, S. 61 Mitte oben + S. 74: Alona Cherniakhova, S. 61 Mitte unten + S. 67: Richard Semik, S. 61 rechts oben + S. 71: Ivan Azimov 007, S. 61 rechts unten + S. 68: Amallia Eka, S. 64: Joshua Resnick, S. 65: Warren Price Photography, S. 75 links oben + S. 76: MShev, S. 75 unten + S. 83: Timolina, S. 75 Mitte oben + S. 79: MShev, S. 75 rechts oben + S. 88: Elena Shashkina, S. 75 rechts unten + S. 86: Slawomir Fajer, S. 80: Timolina, S. 82: bonchan, S. 89 links oben + S. 98: NoirChocolate, S. 89 Mitte oben + S. 101: Bychykhin Olexandr, S. 89 rechts oben + S. 102: AS Food studio, S. 89 rechts unten + S. 97: Elena Trukhina, S. 103 links oben + 104: Rimma Bondarenko, S. 103 links unten + 110: Elena Veselova, S. 103 rechts oben + 108: verca, S. 103 rechts unten + 107: Veselova, S. 111 links oben + 115: DronG, S. 103 links unten + 112: OlegD, S. 111 rechts oben + S. 116: Timolina, S. 111 rechts unten + S. 113: Kiian Oksana, S. 117 links oben + S. 123: Amallia Eka, S. 117 links unten + S. 118: Heike Rau, S. 117 Mitte oben + 121: Anela T, S. 117 rechts oben + S. 120: vm2002, S. 117 rechts unten + S. 119: Whiteaster

DANKSAGUNG

Diana vom Blog **www.schwarzgrueneszebra.de** teilt auf ihrer Seite jede Woche leckere Low-Carb-Gerichte. Nicht nur schnelle Gerichte für jeden Tag, sondern auch Außergewöhnliches für die besonderen Momente oder den süßen Zahn. Ihr Motto lautet: Geht nicht, gibt's nicht!

Dir fehlt die Motivation, dich in die Küche zu stellen und etwas Gesundes zu kochen? Dann lass dich von **Vanessa F.** inspirieren. Wie man schnelle und vor allem eiweißreiche Gerichte und Süßspeisen zubereitet, zeigt sie auf ihrem Instagram-Account **@vanessas.gymfood**.

ÜBER DIE AUTORIN

Veronika Pichl ist erfolgreiche Buchautorin zu den Themen Ernährung, Abnehmen, Bewegung und Glücklichsein. Sie entwickelt Ratgeber für den riva Verlag und den von ihr selbst gegründeten Happy Fit Food Verlag (www.happyfitfood.de). Im riva Verlag sind bereits zahlreiche erfolgreiche Kochbücher von ihr erschienen. Sie lebt mit ihrem Mann und ihren beiden Kindern im Nürnberger Land.